À MANEIRA *de* CRISTO

À MANEIRA de
CRISTO

SEGUINDO SEU EXEMPLO DE INTEGRIDADE, FIRMEZA E CARÁTER

YESENIA THEN

Editora Vida
Rua Conde de Sarzedas, 246 – Liberdade
CEP 01512-070 – São Paulo, SP
Tel.: 0 xx 11 2618 7000
atendimento@editoravida.com.br
www.editoravida.com.br

©2021, Yesenia Then

Todos os direitos desta obra reservados por Editora Vida.

Proibida a reprodução por quaisquer meios, salvo em breves citações, com indicação da fonte.

Todos os grifos são do autor.

Scripture quotations taken from Bíblia Sagrada, Nova Versão Internacional, NVI ®.
Copyright © 1993, 2000, 2011 Biblica Inc.
Used by permission.
All rights reserved worldwide.
Edição publicada por Editora Vida, salvo indicação em contrário.

Foram usadas também as versões em espanhol, em tradução livre:
La Palabra (versão hispano-americana) (BLPH)
Traducción en Lenguaje Actual (TLA)

Editor responsável: Gisele Romão da Cruz
Editor-assistente: Amanda Santos
Tradução: Judson Canto
Revisão de tradução: Sônia Freire Lula Almeida
Revisão de provas: Josemar de Souza Pinto
Diagramação: Claudia Fatel Lino
Capa: Arte Vida

Todas as citações bíblicas e de terceiros foram adaptadas segundo o Acordo Ortográfico da Língua Portuguesa, assinado em 1990, em vigor desde janeiro de 2009.

1. edição: out. 2021

Dados Internacionais de Catalogação na Publicação (CIP)
(Câmara Brasileira do Livro, SP, Brasil)

Then, Yesenia
  À maneira de Cristo : seguindo seu exemplo de integridade, firmeza e caráter / Yeseniа Then ; [tradução Judson Canto]. -- 1. ed. -- São Paulo : Editora Vida, 2021.

  Título original: *A la manera de Cristo*
  ISBN: 978-65-5584-245-6
  e-ISBN: 978-65-5584-244-9

  1. Crescimento espiritual 2. Preexistência 3. Vida cristã I. Título.

21-83290   CDD-248.4

Índices para catálogo sistemático:
1. Crescimento espiritual : Vida cristã 248.4
Maria Alice Ferreira - Bibliotecária - CRB-8/7964

DEDICATÓRIA

A todos aqueles que precisam se inspirar no modelo perfeito de vida que Jesus viveu e que precisam ser ajudados por ele, a fim de poder carregar sua cruz todos os dias.

AGRADECIMENTO

Ao Autor e Sustentador de todas as coisas, a quem, para sua glória e honra, nos escolheu antes de nascermos, para que com a vida que nos deu possamos cumprir seus propósitos.

SUMÁRIO

Prefácio 11

Introdução 15

Parte I
ASPECTOS FUNDAMENTAIS ACERCA DE CRISTO

1. O único ser perfeito, indescritível e eterno 21
2. Nomes que indicam sua eternidade 29
3. Nomes que afirmam sua deidade 39
4. Algumas evidências de seus atributos como Deus 49
5. Sua manifestação no Antigo Testamento 59
6. Profecia acerca de seu advento 71
7. Relevância da humanidade de Jesus 79

Parte II
O MODO SEGUNDO O QUAL CRISTO VIVEU

8. Seu caráter e determinação.................................89
9. Sua resposta diante da tentação......................103
10. O tratamento dispensado às pessoas................129
11. Como ele trabalhava...145
12. A firmeza de sua missão....................................161
13. Seu compromisso com a missão......................175
14. Sua determinação antes do sofrimento........... 189
15. Sua postura diante da guerra...........................207
16. Sua forma de perdoar..221
17. Seu foco na recompensa...................................233

Conclusão..245

PREFÁCIO

A maior riqueza que alguém pode obter é conhecer a Deus, para participar de uma vida em comunhão com ele e de tudo que ele comunica com seu amor e seu propósito. Essa verdade orienta a nossa fé com relação ao que considero prioridade na existência humana.

Deus, o Pai eterno, determinou em seus desígnios a maneira pela qual se faria conhecido e para isso providenciou várias formas de se revelar, entre elas sua criação e a Palavra escrita, a Bíblia. A revelação mais relevante, íntima e poderosa, porém, foi atribuída ao seu Filho Jesus Cristo. Sobre isso, diz a carta aos Hebreus: "O Filho é o resplendor da sua glória e a expressa imagem da sua pessoa, sustentando todas as coisas pela palavra do seu poder" (Hebreus 1.3, AEC).

A palavra "imagem", usada nesse texto, provém do termo grego *kharakter*, que significa "caráter", e denota a representação exata da verdade que emerge do propósito do Filho de Deus para conosco. Encerra ainda a intenção de nos dar a conhecer o coração de Deus como Pai, para nos salvar da condenação eterna que o pecado produz e, em seguida, nos revelar o caráter do Pai, a fim de servir de modelo para nós da vida de filhos para a qual fomos criados e projetados.

É por isso que Cristo é o centro da história, da mensagem e da revelação plasmada na Bíblia. Portanto, o nosso maior interesse deve ser conhecê-lo cada vez mais, pois assim cumpriremos o desejo do coração do Pai Eterno, de modo que sua essência divina, expressa no Filho, seja um protótipo que modele a vida e o propósito que devemos incorporar. "Aqueles que de antemão conheceu, também os predestinou para serem conformes à imagem de seu Filho, a fim de que ele seja o primogênito entre muitos irmãos." (Romanos 8.29)

Isso quer dizer que, em algum momento da eternidade, Cristo era o Filho unigênito, mas agora se tornou o primogênito, para que, por meio da fé nele, possamos ser adotados como filhos de Deus Pai e saber que você e eu passamos a fazer parte dessa grande família eterna. Isso só pode ser explicado com uma palavra: "graça".

O ano de 2020 (quando este livro foi escrito) surpreendeu-nos com um cenário caótico e desesperador, mas, ao mesmo tempo, nos deixou diversas marcas históricas, entre elas esta grande obra literária, que contém um árduo, excelente e apaixonado trabalho da autora e de toda a equipe que a assistiu.

Sinto profunda alegria por ver um livro dedicado a nos enriquecer com o conhecimento de Cristo. De maneira bíblica, clara, integral e, acima de tudo, prática, a nossa querida pastora Yesenia Then, com a graça que lhe é peculiar, conduz-nos por uma jornada maravilhosa através das características do nosso Salvador. Nos primeiros capítulos, a autora trata de aspectos tão importantes como a preexistência, a divindade e a humanidade de Jesus, para depois, com impressionante habilidade, nos direcionar a uma seção prática, na qual apresenta com detalhes o modelo de Jesus e o aplica à nossa vida.

Acredito que esta obra transcenderá a vida de multidões ao redor do mundo, causando um efeito transformador de alcance geracional, e, por meio do qual, glorificará sobretudo a pessoa de Cristo.

Pense no livro que você tem em mãos como um presente de Deus, cujo objetivo é aproximá-lo dele por meio do conhecimento de Jesus Cristo, seu Filho. Estas páginas nos permitem ver o amor e a admiração da pastora Yesenia Then pelo nosso grande Senhor, ao mesmo tempo que podemos apreciar o coração do Pai, que irradia luz sobre o nosso entendimento, o que nos impulsiona a crescer e ser conformes à imagem de seu Filho.

Oro para que você se conecte com as verdades expostas neste livro e possa reproduzi-las como estilo de vida.

Robert Toribio
Pastor

INTRODUÇÃO

Conheci Jesus aos 16 anos de idade e, desde o dia em que entrou na minha vida, ele tem sido a minha Fonte, o meu Pai, o meu auxílio, o meu escudo, a minha força, o meu guia, a minha razão de ser, aquele que me dá sabedoria e que me sustenta, a fonte do meu ânimo, aquele que me defende, me guarda e é o meu sustento.

A minha relação com Cristo dá vida a cada um de meus dias e, se por alguma razão acordo todos os dias cheia de paixão, força e entusiasmo, é porque estou verdadeiramente apaixonada, fortalecida e muito entusiasmada pelo fato de ter recebido vida para cumprir os planos que o Senhor tinha com relação à minha existência mesmo antes de me fazer chegar a este mundo. Sei, porém, que não sou a única pessoa a sentir isso. Estou convencida de que em todo o mundo há milhões e milhões de pessoas que, sem pensar duas vezes, fariam qualquer coisa para agradar--lhe, abandonariam tudo para honrá-lo e dariam a vida por ele, caso necessário.

O amor que enche o nosso coração quando encontramos o Senhor é algo que não pode ser entendido plenamente na dimensão humana, porque ele é muito mais do que até mesmo o ser humano mais talentoso é capaz de compreender e apreciar. Suas dimensões de amor, bondade, ternura e compaixão vão além das fronteiras do próprio Universo. Portanto, não houve e nunca haverá alguém capaz de entender a magnitude do que acontece dentro de nós quando abrimos a porta do coração para o Cavaleiro da Cruz, cujo nome é Jesus, e a quem a Bíblia também denomina Advogado, Bom Pastor, Amado, Desejado de todas as nações, resplandecente Estrela da Manhã, Rosa de Sarom, Pedra Angular, Cordeiro, Leão, Maravilhoso, entre muitos outros nomes que não teríamos espaço para mencionar neste livro. Portanto, reconhecer a magnitude de sua grandeza e ter a oportunidade de escrever a respeito dele constituem uma grande honra, pela qual sou grata ao Pai.

Sua história é extensa, e seus ensinamentos são incontáveis. Portanto, de forma alguma podemos registrar neste livro tudo que se pode aprender a respeito dele, visto que, com referência a isso, até o próprio apóstolo João disse que Jesus fez tantas coisas que, se cada uma delas fosse registrada, não haveria espaço suficiente para os livros que seriam escritos (João 21.25).

No entanto, entre todas essas coisas, após um importante tempo de jejum e oração e com grande respeito e humildade de coração, passamos a elaborar este conteúdo em duas bases específicas, que são as seguintes: alguns aspectos de sua divindade (Parte I) e dez características específicas de sua humanidade (Parte II).

Oramos para que tudo que aqui está escrito redunde em bênção, força, instrução, orientação e edificação para cada leitor e que Deus ponha no coração de cada um o desejo e a urgência de viver esta vida curta e passageira não à sua maneira, mas de acordo com os planos, o desígnio, a vontade e o desejo de JESUS CRISTO, O NOSSO SENHOR!

PARTE I

ASPECTOS FUNDAMENTAIS ACERCA DE CRISTO

PARTE I

ASPECTOS FUNDAMENTAIS ACERCA DE CRISTO

Capítulo 1
O ÚNICO SER PERFEITO, INDESCRITÍVEL E ETERNO

"E ele será chamado Maravilhoso Conselheiro, Deus Poderoso, Pai Eterno, Príncipe da Paz."
Isaías 9.6

O ÚNICO SER PERFEITO, INDESCRITÍVEL E ETERNO

𝓕oi dito desse ser incomparável que "no princípio era aquele que é a Palavra. Ele estava com Deus e era Deus". No entanto, esse mesmo ser que ocupa o lugar mais elevado na divindade, na companhia do Pai e do Espírito Santo, se fez carne e habitou entre nós.

Aquele que existe desde a eternidade e existirá por toda a eternidade nasceu de uma mulher e morreu na cruz. Aquele que, de acordo com a mente do Espírito, é Maravilhoso foi cuspido pelos homens. Aquele que, pela mesma perspectiva, é Conselheiro foi rejeitado da maneira mais desprezível. Aquele que é o Pai Eterno tornou-se o Filho que aprendeu a obediência por meio do sofrimento. Aquele que é o Príncipe da Paz teve de pisar o lagar da ira do Deus todo-poderoso. Aquele que é santo, inocente, sem mácula e separado dos pecadores foi feito pecado em benefício de outros. Aquele que é o Pão da vida sentiu fome. Aquele que é o Doador da água da vida sentiu sede. Aquele que é o Dom da vida que Deus oferece ao mundo perdido teve de morrer, mas aquele que estava morto vive para todo o sempre.

Essas verdades acerca de Cristo revelam-se incompreensíveis para muitos, uma vez que simplesmente não conseguem entender como Deus pôde nascer em forma humana e morrer; como pôde crescer em estatura e sabedoria; como pôde ser tentado em tudo; como pôde estar sujeito à Lei e como pôde receber algo que já não era dele.

O fato de Cristo ser Deus, no sentido mais absoluto da palavra, e de que pela encarnação um membro da Trindade divina entrou na família humana, é um mistério que só quem tem uma revelação clara a respeito de Deus pode compreender. É exatamente a isso que o apóstolo Paulo se refere ao declarar: "Não há dúvida de que é grande o *mistério da piedade*: Deus foi manifestado em corpo, justificado no Espírito, visto pelos anjos, pregado entre as nações, crido no mundo, recebido na glória" (1Timóteo 3.16).

Assim, ao se manifestar em carne, Cristo se revelou ao gênero humano, embora já existisse no céu, porque é Deus, e, por ser Deus, é eterno e preexistente a tudo que foi criado.

A revelação divina sobre a preexistência de Cristo pode ser dividida em cinco partes principais, que são as seguintes:

- ▶ Cristo é Deus; portanto, é preexistente.
- ▶ Cristo é o Criador; portanto, é preexistente.
- ▶ Cristo é o Sustentador de todas as coisas; portanto, é preexistente.
- ▶ Cristo era antes de todas as coisas existirem; portanto, é preexistente.
- ▶ A Bíblia tem muitas declarações que afirmam diretamente que Cristo é preexistente.

A divindade do Pai e do Espírito Santo é universalmente admitida, mas muitos duvidam da divindade de Cristo. No entanto, é importante ressaltar que a dúvida sobre a divindade de Cristo não existiria se ele não tivesse se tornado homem, porque foi precisamente o fato de ele ter entrado na esfera humana que impulsionou a descrença quanto à sua divindade na esfera humana. No entanto, como o Autor divino parece ter previsto a tentação da descrença causada pela incompreensão da segunda pessoa da Trindade, que é, ao mesmo tempo, Deus e homem, ele também nos deu fortes e inevitáveis evidências a respeito da divindade de Jesus Cristo. Com relação a esse tema, as Escrituras são muito claras e conclusivas em suas afirmações.

> *Cristo se revelou ao gênero humano, embora já existisse no céu, porque é Deus.*

Sua humanidade é revelada pelo método natural de atribuição de títulos humanos, atributos humanos, ações humanas e relações humanas. Da mesma forma, sua divindade é revelada pela atribuição de títulos divinos, atributos divinos, ações divinas e relacionamentos divinos. Quanto à honra que devemos dar ao Filho, a Palavra de Deus expressa o seguinte: "[....] honrem o Filho como honram o Pai. Aquele que não honra o Filho, também não honra o Pai que o enviou" (João 5.23).

O significado de seu nome

Os nomes que constam na Bíblia não são títulos vazios; antes, referem-se ao destino e à própria essência da pessoa que ostenta esse nome. Vejamos um exemplo disso na pessoa de Cristo:

- ▶ Messias, que significa "o enviado".
- ▶ Cristo, que significa "o ungido".
- ▶ Jesus, que significa "o salvador".

Com referência a isso, o evangelista Mateus escreve: "[...] apareceu-lhe [a José] um anjo do Senhor em sonho e disse: '[...] Maria [...] dará à luz um filho, e você deverá dar-lhe *o nome de Jesus*, porque ele salvará o seu povo dos seus pecados'" (Mateus 1.20,21).

Os nomes que constam na Bíblia não são títulos vazios.

O nome "Jesus", que, como vimos, significa "salvador", é aquele com o qual o Senhor é designado humanamente, mas é também o nome que envolve todo o propósito redentor de sua encarnação.

Títulos semelhantes, como "Filho do homem", "Filho de Abraão" e "Filho de Davi", afirmam sua linhagem e seus relacionamentos humanos. Da mesma forma, os nomes Palavra, Senhor, Pai Eterno, Emanuel e Filho de Deus indicam sua divindade.

No entanto, convém esclarecer que, embora todos esses nomes sejam importantes, alguns são decisivos em suas implicações, como veremos no próximo capítulo.

PONTOS PARA TER EM MENTE

1. O fato de Cristo ser Deus, no sentido mais absoluto da palavra, e de que pela encarnação um membro da Trindade divina entrou na família humana, é um mistério que só quem tem uma revelação clara a respeito de Deus pode compreender.

2. Ao se manifestar em carne, Cristo se revelou ao gênero humano, embora já existisse no céu, porque é Deus e, por ser Deus, é eterno e preexistente a tudo que foi criado.

3. A dúvida sobre a divindade de Cristo não existiria se ele não tivesse se tornado homem. No entanto, como o Autor divino parece ter previsto a tentação da descrença causada pela incompreensão da segunda pessoa da Trindade, que é, ao mesmo tempo, Deus e homem, ele também nos deu fortes e inevitáveis evidências a respeito da divindade de Jesus Cristo.

4. Os nomes que constam na Bíblia não são títulos vazios; antes, referem-se ao destino e à própria essência da pessoa que ostenta esse nome.

5. O nome "Jesus", que, como vimos, significa "salvador", é aquele com o qual o Senhor é designado humanamente, mas é também o nome que envolve todo o propósito redentor de sua encarnação.

Capítulo 2

NOMES QUE INDICAM SUA ETERNIDADE

"[...] Judá, de ti virá para mim aquele que será o governante sobre Israel. Suas origens estão no passado distante, em tempos antigos."
Miqueias 5.2

NOMES QUE INDICAM SUA ETERNIDADE

A Bíblia contém cerca de 300 nomes e títulos dados ao Messias, os quais expressam sua eternidade, sua divindade e a missão que ele veio cumprir na terra. Devido à grande importância desses nomes, faremos menção a alguns deles neste capítulo e no próximo.

A Palavra ou o *Logos*

Assim como a linguagem expressa o pensamento, Cristo é também a expressão, o revelador e o manifestador da vontade de Deus.

O termo *logos* é usado apenas pelo apóstolo João para se referir a Cristo e indica seu caráter eterno: *"No princípio era aquele que é a Palavra. Ele estava com Deus e era Deus"* (João 1.1).

Além disso, ele se tornou carne. Portanto, de acordo com suas funções divinas, é a manifestação de Deus perante o homem. "Aquele que é a Palavra *tornou--se carne* e *viveu entre nós*. Vimos a sua glória, glória como do Unigênito vindo do Pai, cheio de graça e de verdade." (João 1.14.)

A palavra *logos* quer dizer razão e, ao mesmo tempo, palavra. Portanto, quando esse termo é aplicado à pessoa de Cristo como razão de Deus, significa seu propósito ou desígnio. Como Palavra de Deus, refere-se à sua revelação.

O termo *logos* tem origem filosófica e foi adotado pelo judaísmo para expressar a manifestação do Deus invisível, o que inclui todas as maneiras pelas quais Deus se dá a conhecer aos seres humanos. Portanto, na manifestação de Cristo não somente estava nele tudo que pode ser revelado a respeito de Deus, como também a habilidade ilimitada de Deus, que excede todo o entendimento. É exatamente a isso que o apóstolo Paulo se refere quando diz: "Em Cristo habita corporalmente *toda a plenitude da divindade*" (Colossenses 2.9). Com referência a isso, o apóstolo João acrescenta: "*Ninguém jamais viu a Deus, mas o Deus Unigênito*, que está junto do Pai, o tornou conhecido" (João 1.18).

Unigênito de Deus

Esse título é um dos mais elevados já usados e refere--se ao relacionamento eterno entre o Pai e o Filho.

Jesus é o Filho Unigênito de Deus, diferentemente dos muitos filhos de Deus, assim chamados figurativamente. Os anjos são filhos de Deus por direito de criação, mas não são, de forma alguma, filhos no mesmo sentido que Cristo. De igual modo, os que nascem de novo pela obra do Espírito Santo tornam-se filhos adotivos de Deus, mas começam a sê-lo depois de adultos. Cristo, no entanto, é o Filho de Deus desde a eternidade. Por esse motivo, o título "Unigênito de Deus" só pode ser aplicado a Jesus Cristo.

> Porque *Deus* tanto amou o mundo que *deu o seu Filho Unigênito*, para que todo o que nele crer não pereça, mas tenha a vida eterna. Pois Deus enviou o seu Filho ao mundo, não para condenar o mundo, mas para que este fosse salvo por meio dele. Quem nele crê não é condenado, mas quem não crê já está condenado, por não crer no nome do Filho Unigênito de Deus. (João 3.16-18)

O Primogênito

Quanto a esse aspecto, alguns podem indagar: "Se Jesus é o Unigênito do Pai, por que a Bíblia também o chama Primogênito?". Para responder a essa pergunta, a primeira coisa que devemos esclarecer é que Jesus não é o "primogênito" de Deus, e sim o "primogênito sobre toda a criação", conforme expresso em Colossenses 1.15: "Ele é a imagem do Deus invisível, *o primogênito sobre toda a criação*".

Ele é o primogênito sobre toda a criação pelo fato de ter criado todas as coisas: "[...] *nele foram criadas todas as coisas* nos céus e na terra, as visíveis e as invisíveis, sejam tronos, sejam soberanias, poderes ou autoridades; *todas as coisas foram criadas por ele e para ele*" (Colossenses 1.16).

Da mesma forma, embora as palavras "primogênito" e "unigênito" contenham a mesma raiz (-gênit), os termos originais na língua grega não têm relação entre si, pois a palavra "primogênito" é *prototokos* e aplica-se não ao primeiro filho nascido, mas àquele que ocupa uma posição proeminente sobre algo, e na Bíblia se aplica exclusivamente a Cristo. O termo "unigênito", por sua vez, é *monogenes*, a combinação de *monos* ("único") + *genos* ("descendente"). Assim, quando afirma que Jesus Cristo é o "Unigênito de Deus", a Bíblia afirma que ele é o único ser revelado ao gênero humano que vem diretamente de Deus. Portanto, com relação à eternidade de Cristo, os títulos "Unigênito" e "Primogênito" são outra prova de que ele é eterno e incriado.

> *Com relação à eternidade de Cristo, os títulos "Unigênito" e "Primogênito" são outra prova de que ele é eterno e incriado.*

Dito isso, outra questão que pode surgir a respeito dessa verdade é a seguinte: "Se Jesus é o Unigênito de

Deus e o primogênito de toda a criação, por que um de seus títulos na Bíblia é Filho do homem?".

Sem dúvida, o título "Filho do homem" é usado com referência a Jesus na Bíblia. Na verdade, só no Novo Testamento é usado cerca de 88 vezes. Por que o Messias eterno é chamado assim?

O primeiro significado da expressão "Filho do homem" com relação a Cristo refere-se à profecia de Daniel 7.13,14, que diz:

> Em minha visão à noite, vi alguém *semelhante a um filho de homem*, vindo com as nuvens dos céus. Ele se aproximou do ancião e foi conduzido à sua presença. Ele recebeu autoridade, glória e o reino; todos os povos, nações e homens de todas as línguas o adoraram. *Seu domínio é um domínio eterno que não acabará, e seu reino jamais será destruído.*

Portanto, a expressão "Filho do homem" era um título messiânico profetizado acerca de Cristo no Antigo Testamento. Jesus, e nenhum outro, é aquele a quem foram concedidos o domínio, a glória e o reino. Portanto, quando Jesus utilizou a expressão com referência a si mesmo, estava atribuindo a si mesmo a profecia acerca do "Filho do homem" feita por Daniel, no texto mencionado.

Um segundo significado da expressão "Filho do homem" faz alusão ao fato de que Jesus era verdadeiramente um ser humano. Da mesma forma, Deus se dirigiu a Ezequiel como "filho do homem" 93 vezes e, ao fazer isso, simplesmente fazia referência à sua condição humana. Porque um filho de homem é um homem. No entanto, isso não muda a realidade de que Jesus era plenamente Deus, como expresso em João 1.1: "No princípio era aquele que é a Palavra. *Ele estava com Deus e era Deus*". Mesmo assim, ele também era um ser humano: "*Aquele que é a Palavra tornou-se carne* e viveu entre nós. Vimos a sua glória, glória como do Unigênito vindo do Pai, cheio de graça e de verdade" (João 1.14).

Com relação a isso, o apóstolo João acrescenta: "Vocês podem reconhecer o Espírito de Deus deste modo: *todo espírito que confessa que Jesus Cristo veio em carne* procede de Deus" (1João 4.2).

Finalmente, se Jesus é o Filho de Deus, ele é em essência Deus. Se Jesus também era o Filho do homem, ele era em essência um ser humano. Portanto, a expressão "Filho do homem" indica que Jesus é o Messias e, ao mesmo tempo, ser humano.

PONTOS PARA TER EM MENTE

1. A Bíblia contém cerca de 300 nomes e títulos dados ao Messias, os quais expressam sua eternidade, sua divindade e a missão que ele veio cumprir na terra.

2. Assim como a linguagem expressa o pensamento, Cristo é também a expressão, o revelador e o manifestador da vontade de Deus.

3. O título "Unigênito de Deus" é um dos mais elevados já usados e refere-se ao relacionamento eterno entre o Pai e o Filho. Jesus é o Filho Unigênito de Deus, diferentemente dos muitos filhos de Deus, assim chamados figurativamente.

4. Jesus não é o "primogênito" de Deus, e sim o "primogênito sobre toda a criação". Ele é o primogênito sobre toda a criação pelo fato de ter criado todas as coisas.

5. A expressão "Filho do homem" indica que Jesus é o Messias e, ao mesmo tempo, ser humano.

Capítulo 3

NOMES QUE AFIRMAM SUA DEIDADE

*"A virgem ficará grávida e dará à luz um filho,
e o chamarão Emanuel", que significa "Deus conosco."*
Mateus 1.23

NOMES QUE AFIRMAM
SUA DEIDADE

Entre os vários nomes que a Bíblia usa para designar a pessoa de Jesus, está o nome de Deus. O termo "Deus" é universalmente reconhecido como aquele que indica o Deus verdadeiro; quando, porém, é escrito intencionalmente com "d" minúsculo, refere-se a deuses falsos ou pagãos. É por esse motivo que em todos os casos o nome de Deus deve ser escrito com "D" maiúsculo, tanto com respeito à pessoa do Pai quanto à do Filho e à do Espírito Santo.

Tendo isso em mente, tratemos de reconhecer a divindade absoluta da pessoa de Jesus Cristo tão explicitamente quanto nos mostra o texto sagrado ao identificá-lo repetidas vezes pelo termo "Deus" — que afirma, desse modo, sua existência desde a eternidade.

O uso desse termo para se referir à pessoa de Cristo inicia no Antigo Testamento e continua ao longo do Novo Testamento, como podemos ver nos seguintes exemplos:

Uma voz clama: "No deserto preparem o caminho *para o* Senhor; façam no deserto um caminho reto *para o nosso Deus*" (Isaías 40.3).

Nessa passagem, o Espírito Santo, por meio do profeta Isaías, afirma que Cristo é Jeová (Senhor) e Elohim (Deus), e foi a essa profecia que João Batista fez referência quando questionado pelos judeus enquanto exercia a função para a qual fora designado.

Este foi o testemunho de João, quando os judeus de Jerusalém enviaram sacerdotes e levitas para lhe perguntarem quem ele era. Ele confessou e não negou; declarou abertamente: "Não sou o Cristo". Perguntaram-lhe: "E então, quem é você? É Elias?" Ele disse: "Não sou". "É o Profeta?" Ele respondeu: "Não". Finalmente perguntaram: "Quem é você? Dê-nos uma resposta, para que a levemos àqueles que nos enviaram. Que diz você acerca de si próprio?" João respondeu com as palavras do profeta Isaías: "Eu sou a voz do que clama no deserto: 'Façam um caminho reto para o Senhor' ". (João 1.19-23)

Na mesma trilha, por inspiração de Deus, o mesmo profeta escreve o seguinte, também a respeito de Cristo:

Porque um menino nos nasceu, um filho nos foi dado, e o governo está sobre os seus ombros. E ele será chamado Maravilhoso Conselheiro, *Deus*

Poderoso, Pai Eterno, Príncipe da Paz. Ele estenderá o seu domínio, e haverá paz sem fim *sobre o trono de Davi* e sobre o seu reino, estabelecido e mantido com justiça e retidão desde agora e para sempre. O zelo do Senhor dos Exércitos fará isso. (Isaías 9.6,7).

Com relação a esse ponto, é necessário esclarecer que Cristo é o único membro da divindade de quem se pode dizer que nasceria e se sentaria no trono de Davi.

Da mesma forma, Isaías declara que viria alguém que seria chamado Emanuel, cuja tradução é "Deus conosco". Essa profecia, como a anterior, foi cumprida no Novo Testamento, na seguinte passagem: " 'A virgem ficará grávida e dará à luz um filho, e o chamarão Emanuel', que significa '*Deus conosco*' " (Mateus 1.23).

Esse título em particular expressa muito mais que o fato de Deus estar presente no meio de seu povo; significa que, por meio da encarnação, Deus se tornou parte da família humana.

> *Cristo é o único membro da divindade de quem se pode dizer que nasceria e se sentaria no trono de Davi.*

Em contrapartida, Tomé (um dos discípulos de Jesus), ao ver as feridas do Salvador, exclamou: *"Senhor meu* e *Deus meu!*" (cf. João 20.28). Nessa declaração, há algo correto, pois, se não fosse correto, seria idolatria, digna de repreensão por parte de Cristo.

No entanto, Jesus não repreendeu Tomé por tê-lo reconhecido como Senhor e Deus, mas, sim, por Tomé ter exigido tanta comprovação para poder crer na verdade a respeito da identidade do Mestre. Portanto, tão verdadeiro quanto o fato de que Cristo há de voltar é o título "grande Deus e Salvador" que ele atribui a si mesmo, conforme expresso em Tito 2.13: "[...] enquanto aguardamos a bendita esperança: a gloriosa manifestação de nosso grande *Deus e Salvador*, Jesus Cristo".

Jeová [Senhor]

Por fim, é necessário enfatizar que a mais elevada referência à divindade é a que se expressa pelo nome Jeová, também aplicada livre e constantemente a Cristo. A esta altura, não podemos deixar de observar que o nome Jeová é apropriado a uma única pessoa e de forma alguma pode ser aplicado corretamente a qualquer outro. De fato, a respeito do caráter enaltecedor desse nome, a Palavra de Deus declara: "Eu *sou o* Senhor [Jeová]; *este é o meu nome! Não darei a outro a minha glória* nem a imagens o meu louvor" (Isaías 42.8).

No entanto, várias passagens do Antigo Testamento mostram de forma precisa como se utiliza o nome de

Jeová, o Senhor, quando se faz referência profética a Jesus Cristo em várias ocasiões, como podemos constatar nos seguintes textos:

> Derramarei sobre a família de Davi e sobre os habitantes de Jerusalém um espírito de ação de graças e de súplicas [*diz o* SENHOR]. *Olharão para mim, aquele a quem traspassaram*, e chorarão por ele como quem chora a perda de um filho único e se lamentarão amargamente por ele como quem lamenta a perda do filho mais velho (Zacarias 12.10).

O apóstolo João refere-se a essa profecia quando diz: "Eis que ele vem com as nuvens, e todo olho o verá, até mesmo aqueles que *o traspassaram*; e todos os povos da terra se lamentarão por causa dele" (Apocalipse 1.7).

Já o profeta Malaquias predisse que *o próprio Jeová viria para seu templo* (cf. Malaquias 3.1), e Cristo cumpriu essa profecia quando, estando no templo, declarou: " 'A *minha casa* será chamada casa de oração'; mas vocês estão fazendo dela um 'covil de ladrões' " (Mateus 21.13).

O templo não poderia ser a casa de Cristo, a menos que ele fosse Jeová. De igual modo, o sábado era o dia de Jeová porque ele o estabelecera como tal. No entanto, Cristo também se apresentou como Senhor do sábado, como lemos em Mateus 12.8: "O Filho do homem é *Senhor do sábado*". Outra versão bíblica desse texto, em linguagem atualizada, expressa o seguinte: "*Sou eu, o Filho do homem, quem decide o que pode ser feito no dia de descanso e o que não se pode fazer*".

> *O templo não poderia ser a casa de Cristo, a menos que ele fosse Jeová.*

O sábado era o dia de Jeová, pois era subsequente aos seis dias usados para a criação. Portanto, quando se proclamou Senhor do sábado, Cristo assumiu a posição de Criador de todas as coisas, tal como o Antigo Testamento estabelece acerca de Jeová Deus.

Senhor [Senhor]

O nome hebraico Jeová, traduzido no Antigo Testamento por "Senhor",[1] não aparece no Novo Testamento, porque este foi escrito em grego. Não é usado pelos evangelistas nem pelos apóstolos, tampouco com relação ao Pai, ao Filho ou ao Espírito Santo, já que esse nome havia deixado de ser pronunciado — os únicos que o mencionavam eram os sumos sacerdotes do templo. No entanto, na Septuaginta é utilizada a palavra *kurios* para o termo traduzido por "Senhor",[2] em

---

[1] Marcado pela fonte em estilo versal-versalete na NVI e em várias outras versões da Bíblia. [N. do E.]
[2] A palavra é traduzida em letra maiúscula, mas sem o estilo versal--versalete. [N. do E.]

vez de "Jeová"; o mesmo padrão também foi adotado pelos escritores do Novo Testamento.

O termo "Senhor", de acordo com a língua grega, é *kurios,* que significa "supremo em autoridade", "controlador", "soberano", "ungido", "amo" e "dono". Já no hebraico, é *adon,* que significa "soberano", "controlador", "amo", "dono" e "senhor".

Quando o termo é usado com referência a Deus, aplica-se ao Pai, ao Filho e ao Espírito Santo em toda a amplitude de seu significado. Na verdade, as numerosas passagens do Antigo Testamento citadas pelos apóstolos e aplicadas por eles a Cristo estabelecem esse tema com tanta solidez a ponto de provar que os nomes Jeová e Senhor são intercambiáveis — só no Novo Testamento a palavra "Senhor" é aplicada ao Redentor cerca de 800 vezes.

PONTOS PARA TER EM MENTE

1. O termo "Deus" é universalmente reconhecido como aquele que indica o Deus verdadeiro; quando, porém, é escrito intencionalmente com "d" minúsculo, refere-se a deuses falsos ou pagãos.

2. O nome "Emanuel", cuja tradução é "Deus conosco", expressa muito mais que o fato de Deus estar presente no meio de seu povo; significa que, por meio da encarnação, Deus se tornou parte da família humana.

3. Tão verdadeiro quanto o fato de que Cristo há de voltar é o título "grande Deus e Salvador" que ele atribui a si mesmo.

4. A mais elevada referência à divindade é a que se expressa pelo nome Jeová, também aplicada livre e constantemente a Cristo.

5. O termo "Senhor", de acordo com a língua grega, é *kurios*, que significa "supremo em autoridade", "controlador", "soberano", "ungido", "amo" e "dono". Já no hebraico, é *adon*, que significa "soberano", "controlador", "amo", "dono" e "senhor". Quando o termo é usado com referência a Deus, aplica-se ao Pai, ao Filho e ao Espírito Santo em toda a amplitude de seu significado.

Capítulo 4
ALGUMAS EVIDÊNCIAS DE SEUS ATRIBUTOS COMO DEUS

Ele é antes de todas as coisas, e nele tudo subsiste.
Colossenses 1.17

ALGUMAS EVIDÊNCIAS DE SEUS ATRIBUTOS COMO DEUS

Quanto à evidência dos atributos de Cristo com relação ao Pai, podemos dizer, como já observamos a respeito de seus nomes, que é notória em toda a Bíblia. Mostraremos a seguir apenas alguns exemplos, a começar pelo atributo da eternidade.

Eternidade

Embora seja verdade que, ao longo do tempo, tenha havido milhões de eras, não é menos verdade que uma multiplicação delas possa ser qualificada como eternidade. Com relação a Cristo, a santa Palavra expressa o seguinte:

> Tu, Belém-Efrata, embora pequena entre os clãs de Judá, de ti virá para mim aquele que será o governante sobre Israel. Suas origens estão no passado distante, *em tempos antigos* (Miqueias 5.2).

Além disso, ao usar o nome Eu Sou, alusivo apenas a Jeová, Cristo afirma de si mesmo que ele é Jeová; quanto à sua eternidade, não poderia fazer outra afirmação mais enérgica que esta: "Eu afirmo que antes de Abraão nascer, *Eu Sou!*" (João 8.58).

Ora, nenhuma criatura pode ter uma evidência conclusiva da verdade de que é Jeová. Portanto, Jesus tinha de dar testemunho de si mesmo, e esse testemunho foi confirmado pelo Pai e pelo Espírito Santo. Desse modo, por revelação do Espírito, o profeta Isaías afirma que Cristo é o Pai Eterno (Isaías 9.6); o apóstolo Paulo, referindo-se a essa verdade, declara no Novo Testamento: "Ele é antes de todas as coisas, e nele tudo subsiste" (Colossenses 1.17).

Assim, de acordo com essas passagens, torna-se evidente que Cristo já existia antes de qualquer coisa ser criada. Portanto, ele é eterno e incriado, ou seja, não tem princípio.

Imutabilidade

A imutabilidade da divindade também é atribuída a Cristo. Quando Jeová anuncia: "Eu, o Senhor, não mudo" (Malaquias 3.6), afirma isso apenas com relação à sua divindade, ao passo que todo o restante está sujeito a mudanças. Portanto, é muito significativo que isto também tenha sido dito sobre a pessoa de Cristo:

"No princípio, Senhor, firmaste os fundamentos da terra, e os céus são obras das tuas mãos. Eles perecerão, mas *tu permanecerás*" (Hebreus 1.10,11).

> *A imutabilidade da divindade é atribuída a Jeová e também à pessoa de Cristo.*

Onisciência

Mais uma vez, estamos diante de outro atributo que corresponde apenas à divindade, e, por meio de muitos exemplos, direta ou indiretamente, somos informados de que essa habilidade ilimitada corresponde tanto a Jeová quanto ao Senhor Jesus Cristo, como vemos na seguinte passagem:

> "Eu sou o Senhor que *sonda o coração e examina a mente*, para recompensar a cada um de acordo com a sua conduta, de acordo com as suas obras" (Jeremias 17.10).

Quanto a Jesus, o apóstolo João declara: "Não precisava que ninguém lhe desse testemunho a respeito do homem, *pois ele bem sabia o que havia no homem*" (João 2.25).

ALGUMAS EVIDÊNCIAS DE SUAS OBRAS COMO PARTE DA DIVINDADE

Criação

Há quatro declarações diretas no Novo Testamento de que Cristo criou todas as coisas. São as seguintes:

- "Todas as coisas *foram feitas por intermédio dele; sem ele, nada do que existe teria sido feito*" (João 1.3). Portanto, de acordo com essa passagem, no sentido positivo todas as coisas foram feitas por ele; no sentido negativo, sem ele nada do que foi feito se fez.

- "Aquele que é a Palavra estava no mundo, e *o mundo foi feito por intermédio dele*, mas o mundo não o reconheceu" (João 1.10). Nessa passagem, mais uma vez podemos ver, de forma incontestável, que Jesus estava no mundo que ele mesmo criou.

- "Nele foram criadas todas as coisas nos céus e na terra, as visíveis e as invisíveis, sejam tronos, sejam soberanias, poderes ou autoridades; *todas as coisas foram criadas por ele e para ele*" (Colossenses 1.16). Na parte em destaque, somos claramente informados de que Cristo não é só o Criador, mas o objeto de toda a criação, porque tudo foi criado por ele e para os propósitos dele.

"*No princípio, Senhor, firmaste os fundamentos da terra, e os céus são obras das tuas mãos*" (Hebreus 1.10). Essa passagem serve para selar todas as outras.

À luz dessas passagens, ninguém pode negar que Cristo é o Criador de todas as coisas. Se ele cria, ele é Deus; se ele é Deus, existe eternamente como Deus.

OUTRAS AÇÕES MOSTRADAS NA PALAVRA ACERCA DE CRISTO

Preservação

Aquele que criou este vasto Universo também o sustenta e preserva, e tudo isso é atribuído a Cristo. Como expressa a carta aos Hebreus, ao afirmar que Cristo "[*sustenta*] *todas as coisas* por sua palavra poderosa" (Hebreus 1.3).

Da mesma forma, o apóstolo Paulo afirma que "ele é antes de todas as coisas, e *nele tudo subsiste*" (Colossenses 1.17).

Perdão de pecados

Ninguém no mundo tem autoridade nem direito de perdoar pecados. Ninguém pode perdoá-los, exceto aquele contra quem todos pecaram. A esse respeito, é importante ressaltar que, quando perdoou os pecados, Cristo os perdoou realmente e sem a necessidade de ter uma prerrogativa humana. A Bíblia afirma que Jeová é o único que anula as rebeliões e diz acerca de Cristo: "Deus o exaltou, elevando-o à sua direita como Príncipe e Salvador, para dar a Israel arrependimento e *perdão de pecados*" (Atos 5.31).

> *Cristo é o Criador de todas as coisas. Se ele cria, ele é Deus; se ele é Deus, existe eternamente como Deus.*

Todo julgamento

Em vista do fato de que se sentar para julgar é a função mais elevada de um governante, é significativo que a Bíblia diga que "todo julgamento" foi entregue ao Filho, uma vez que, para tal exercício de autoridade e poder, o Juiz deve conhecer os segredos do coração e a história de cada pessoa. Ao mesmo tempo, deve ser o Justo, que se atenha às normas de seu justo governo. Sobre essa questão, lemos em Salmos 9.7,8 a respeito de Jeová: "O Senhor reina para sempre; estabeleceu o seu trono para julgar. *Ele mesmo julga o mundo com justiça*; governa os povos com retidão".

No que diz respeito à pessoa de Cristo, o Novo Testamento afirma: "*O Pai a ninguém julga, mas confiou todo julgamento ao Filho*" (João 5.22).

PONTOS PARA TER EM MENTE

1. A evidência dos atributos de Cristo com relação ao Pai é notória em toda a Bíblia.

2. Embora seja verdade que, ao longo do tempo, tenha havido milhões de eras, não é menos verdade que uma multiplicação delas possa ser qualificada como eternidade.

3. Cristo já existia antes de qualquer coisa ser criada. Portanto, ele é eterno e incriado, ou seja, não tem princípio. Cristo não é só o Criador, mas o objeto de toda a criação, porque tudo foi criado por ele e para os propósitos dele.

4. Ninguém no mundo tem autoridade nem direito de perdoar pecados. Ninguém pode perdoá-los, exceto aquele contra quem todos pecaram.

Capítulo 5

SUA MANIFESTAÇÃO NO ANTIGO TESTAMENTO

*"Em seus dias Judá será salva, Israel viverá em segurança, e este é o nome pelo qual será chamado: O S*ENHOR *é a Nossa Justiça."*
Jeremias 23.6

SUA MANIFESTAÇÃO NO ANTIGO TESTAMENTO

Como já vimos, há muitas evidências de que o Messias a respeito do qual foi profetizado no Antigo Testamento é o próprio Jeová. Além disso, é importante observar também que, no mistério da Trindade, Jeová e o Messias são duas pessoas distintas, como observamos nas passagens a seguir.

Em Salmos 2.2, está escrito que os reis e os governantes da terra "conspiram unidos *contra o* Senhor *e contra o seu ungido*" (aqui a tradução para "ungido" é "Messias").

Jeremias diz:

> "Dias virão", *declara o* Senhor, "em que levantarei para Davi um Renovo justo, um rei que reinará com sabedoria e fará o que é justo e certo na terra. Em seus dias Judá será salva, Israel viverá em segurança, e este é *o nome* pelo qual será chamado: *O* Senhor *é a Nossa Justiça*" (23.5,6).

Além disso, o mesmo profeta registra:

> "Dias virão", declara o Senhor, "em que cumprirei a promessa que fiz à comunidade de Israel e à comunidade de Judá. Naqueles dias e naquela época farei brotar um Renovo justo da linhagem de Davi; ele fará o que é justo e certo na terra. Naqueles dias, Judá será salva e Jerusalém viverá em segurança, e este é o nome pelo qual ela será chamada: *O Senhor é a Nossa Justiça*". Porque assim diz o Senhor: "Davi jamais deixará de ter um descendente que se assente no trono de Israel" (Jeremias 33.14-17).

Como podemos ver nessa profecia, o Renovo, ou Filho de Davi, cumprirá a promessa de Deus sobre esta base: nunca faltará a Davi alguém que se assente no trono. Uma vez que a linhagem dos herdeiros do reino é legítima e continua de Davi a Cristo, e que não será necessária a ascensão de outro rei por causa do Reino de Cristo, é dito que esse reino é de "domínio eterno"; como lemos em Daniel 7.14: "Ele recebeu autoridade, glória e o reino; todos os povos, nações e homens de todas as línguas o adoraram. *Seu domínio é um domínio eterno* que não acabará, e seu reino jamais será destruído".

Desse modo, em cumprimento a essa profecia, no anúncio do nascimento do Messias o anjo disse a Maria que seu filho seria chamado "Filho do Altíssimo" e que o "Senhor Deus lhe dará o trono de seu pai Davi, e ele *reinará para sempre sobre o povo de Jacó*" (cf. Lucas 1.31-35).

Esse Filho, por não ter pai humano, é o Filho de Deus. Desse modo, fica demonstrado mais uma vez, com evidências baseadas no texto sagrado, que Jesus Cristo, o Senhor, é Jeová.

Cristo como o Anjo de Jeová no Antigo Testamento

Dando continuidade ao tema anterior, passemos a observar uma das provas mais confiáveis da manifestação de Cristo no Antigo Testamento, na qual se acha a verdade de que ele é o Anjo de Jeová, cujas aparições são registradas em várias ocasiões no Antigo Testamento. Tais aparições são conhecidas como teofanias.

Entende-se por teofania a manifestação de Deus em forma corporal e visível antes da encarnação de Jesus Cristo. As demais manifestações da glória de Deus não são consideradas teofanias.

As teofanias consistem principalmente nas aparições do Anjo de Jeová, que é muito diferente dos outros anjos mencionados na Bíblia, uma vez que se identifica com Jeová. Isso é revelado pelo estudo das passagens que se referem ao Anjo de Jeová no Antigo Testamento, como na ocasião em que ele apareceu a Hagar, escrava de Sara:

> O Anjo do Senhor encontrou Hagar perto de uma fonte no deserto, no caminho de Sur, e perguntou-lhe: "Hagar, serva de Sarai, de onde você vem? Para onde vai?"
>
> Respondeu ela: "Estou fugindo de Sarai, a minha senhora".
>
> Disse-lhe então o Anjo do Senhor: "Volte à sua senhora e sujeite-se a ela". Disse mais o Anjo: "Multiplicarei tanto os seus descendentes que ninguém os poderá contar".
>
> Disse-lhe ainda o Anjo do Senhor:
>
> "Você está grávida e terá um filho, e lhe dará o nome de Ismael, porque o Senhor a ouviu em seu sofrimento. Ele será como jumento selvagem; sua mão será contra todos, e a mão de todos contra ele, e ele viverá em hostilidade contra todos os seus irmãos".
>
> Este foi o nome que ela deu ao Senhor, que lhe havia falado: *"Tu és o Deus que me vê"*, pois dissera: "Teria eu visto Aquele que me vê?" (Gênesis 16.7-13).

Quatro tipos de evidências que provam que Cristo é o Anjo de Jeová

- *A segunda pessoa da Trindade é o Deus visível do Novo Testamento.* Quando analisamos o Novo Testamento, descobrimos que a segunda pessoa da Trindade é o Deus encarnado, que possui um corpo humano e é visível a todos.

Por exemplo, Mateus 3.16,17 informa que, enquanto a voz do Pai era ouvida do céu e o Espírito Santo era visto descendo em forma de pomba, Cristo, a segunda pessoa (o Filho autenticado pelo Pai), era a manifestação de Deus em forma visível. Portanto, é absolutamente coerente que a pessoa da Trindade visível no Novo Testamento tenha sido a mesma escolhida para aparecer na forma do Anjo de Jeová no Antigo Testamento.

> *A segunda pessoa da Trindade é o Deus encarnado, que possui um corpo humano e é visível a todos.*

- *O Anjo de Jeová do Antigo Testamento não aparece após a encarnação de Cristo.* O Anjo de Jeová mostra-se extremamente ativo durante todo o período do Antigo Testamento. Aparece a várias pessoas separadamente, em termos de tempo e espaço. No Novo Testamento, embora haja referências a anjos, não há nenhum exemplo de aparição do Anjo de Jeová. Portanto, naturalmente se deduz que ele aparece como o Cristo encarnado no Novo Testamento.

- *Tanto o Anjo de Jeová quanto Cristo são enviados pelo Pai.* O Antigo Testamento revela que o Anjo de Jeová foi enviado por Jeová para revelar a verdade, para orientar, defender e julgar Israel. No Novo Testamento, Cristo é enviado por Deus para revelar Deus em carne, para manifestar a verdade e para salvar a humanidade perdida.

Na natureza da Trindade, o Pai é quem envia o Filho e o Espírito Santo. A primeira pessoa da Trindade jamais envia a si mesma.

A natureza semelhante do ministério do Anjo de Jeová ao de Cristo serve para identificar ambos, tanto no Antigo Testamento quanto no Novo Testamento.

- *O Anjo de Jeová não poderia ser o Pai nem o Espírito Santo.* Um estudo centrado nesse tópico indica que o Anjo de Jeová é a segunda pessoa da Trindade no Novo Testamento, como expressa o apóstolo João: "Ninguém jamais viu a Deus, mas o Deus Unigênito, que está junto do Pai, *o tornou conhecido*" (João 1.18).

Esse versículo afirma, com efeito, que somente Cristo foi visível aos homens, uma vez que ninguém pode ver Deus Pai nem o Espírito Santo em sua glória. Como o Anjo de Jeová é o Enviado, não poderia ser o Pai, que é a primeira pessoa. Da mesma forma, se o Anjo de Jeová é Deus em forma corporal, não poderia ser o Espírito Santo, pois sempre há neste o atributo da imaterialidade. Exceto em sua manifestação em forma de pomba em Mateus 3, seu ministério nunca se caracteriza por meio de atributos físicos.

Nesse sentido, convém lembrar que em várias das passagens bíblicas consideradas até aqui não só Cristo é apresentado como o Criador, como também, dentro dos limites em que o idioma é capaz de expressar o pensamento, se declara que ele existiu desde a eternidade. Em virtude disso, em razão de um mistério profundo que não conseguimos compreender, "o Logos" que estava com Deus como pessoa era Deus com ele. Por isso, Jesus não é outro senão o próprio Deus:

> "Eu [Jesus] afirmo que antes de Abraão nascer, Eu Sou!" Então eles apanharam pedras para apedrejá-lo, mas Jesus escondeu-se e saiu do templo (João 8.58,59).

Essa passagem é uma das várias em que Jesus se refere à sua divindade, e os judeus entenderam isso.

Por esse motivo, pegaram pedras para atirar nele, mas não conseguiram feri-lo, porque ainda não havia chegado o momento. No entanto, em outro cenário semelhante, os judeus que tentaram matar Jesus explicam a causa de seu aborrecimento: "Não vamos apedrejá-lo por nenhuma boa obra, mas pela blasfêmia, porque você é um simples homem e *se apresenta como Deus*" (João 10.33).

Por fim, observemos o que Jesus também revela na oração feita ao Pai em nome de seus discípulos: "Agora, Pai, glorifica-me junto a ti, *com a glória que eu tinha contigo antes que o mundo existisse*" (João 17.5).

Nesse versículo, três pontos importantes são apresentados, que são os seguintes:

- Como Filho, Jesus tinha glória com o Pai antes da criação.

- Ele se despojou dessa glória para se tornar servo.

- Ele viveu na terra de tal modo que o Pai foi glorificado; por isso, foi capaz de reivindicar a glória que possuía antes de se tornar carne.

Além disso, com relação a essa passagem o proeminente pastor e professor R. Govett ressalta: "Nem Deus nem seu Filho começaram a existir. O mundo, sim, começou a existir".

> Seja a atitude de vocês a mesma de Cristo Jesus, que, *embora sendo Deus, não considerou que o ser igual a Deus era algo a que devia apegar-se*; mas esvaziou-se a si mesmo, vindo a ser servo, tornando-se semelhante aos homens. E, sendo encontrado em forma humana, humilhou-se a si mesmo e foi obediente até a morte, e morte de cruz! (Filipenses 2.5-8)

Depois de observar todas essas evidências bíblicas sobre a divindade da segunda pessoa da Trindade, só nos resta dizer que somente a descrença mais obstinada poderia rejeitar o nível de revelação contido em cada uma dessas passagens.

> *Nem Deus nem seu Filho começaram a existir. O mundo, sim, começou a existir.*

PONTOS PARA TER EM MENTE

1. Uma vez que a linhagem dos herdeiros do reino é legítima e continua de Davi a Cristo, e que não será necessária a ascensão de outro rei por causa do Reino de Cristo, é dito que esse reino é de "domínio eterno".

2. Entende-se por teofania a manifestação de Deus em forma corporal e visível antes da encarnação de Jesus Cristo.

3. No Novo Testamento, Cristo é enviado por Deus para revelar Deus em carne, para manifestar a verdade e para salvar a humanidade perdida.

4. Exceto em sua manifestação em forma de pomba em Mateus 3, no Espírito Santo há sempre o atributo da imaterialidade, e seu ministério nunca se caracteriza por meio de atributos físicos.

5. Devido a um mistério profundo que não conseguimos compreender, "o Logos" que estava com Deus como pessoa era Deus com ele. Por isso, Jesus não é outro senão o próprio Deus.

Capítulo 6

PROFECIA ACERCA DE SEU ADVENTO

Alegre-se muito, cidade de Sião!
Exulte, Jerusalém! Eis que o seu rei vem a você,
justo e vitorioso, humilde e montado num jumento.
Zacarias 9.9

PROFECIA ACERCA
DE SEU ADVENTO

À exceção de João 3.16, é impossível que outro versículo da Bíblia seja mais essencial e definitivo que Gênesis 3.15, onde após a queda do homem o Senhor diz à serpente: "Porei inimizade entre você e a mulher, entre a sua descendência e o descendente dela; este ferirá a sua cabeça, e você lhe ferirá o calcanhar".

Ao examinar essa passagem, convém lembrar o que o erudito Alec Motyer certa vez escreveu: "A Escritura como um todo não pode estar concentrada em cada versículo, mas podemos ler a Escritura na certeza de que cada versículo contribuirá para entendê-la em sua totalidade". É exatamente isso o que acontece em Gênesis 3.15, texto que definitivamente concentra vários elementos importantes sobre a mensagem central de toda a Bíblia, como os seguintes:

Em primeira ordem, é estabelecido um princípio encontrado em todo o Antigo Testamento, que gera a expectativa do Redentor, o qual viria da descendência de Adão e Eva. Por isso, Eva, de forma prematura e errônea, concluiu que essa promessa seria cumprida em seu primogênito, Caim. É a isso que a passagem de Gênesis 4.1 se refere, ao dizer: "Adão teve relações com Eva, sua mulher, e ela engravidou e deu à luz Caim. Disse ela: '*Com o auxílio do Senhor* tive um filho homem' ".

Da mesma forma, em um eco deliberado desse pensamento, Deus, ao firmar o pacto com o patriarca Abraão, menciona repetidamente o termo "semente" em diferentes ocasiões, como na seguinte passagem: "Esteja certo de que o abençoarei e farei seus descendentes tão numerosos como as estrelas do céu e como a areia das praias do mar. Sua *descendência* [semente] conquistará as cidades dos que lhe forem inimigos e, por meio dela, todos os povos da terra serão abençoados, porque você me obedeceu" (Gênesis 22.17,18).

Ao ler um texto como esse, nenhum estudioso bíblico apaixonado deixará de observar que Deus incorpora em sua aliança com Abraão algo cuja raiz está na promessa feita no Éden a Eva, especificamente na passagem de Gênesis 3.15.

Em contrapartida, quando Maria descobre que terá um bebê, o anjo Gabriel anuncia sobre seu futuro filho: "Ele será grande e *será chamado Filho do Altíssimo.*

O Senhor Deus lhe dará o trono de seu pai Davi" (Lucas 1.32). Capta-se claramente aqui a frase dita anteriormente por Deus a Abraão: "Farei de você um grande povo, e o abençoarei. Tornarei famoso o seu nome, e você será uma bênção" (Gênesis 12.2).

É importante notar aqui que essa profecia não é a única em que a Bíblia menciona o advento do Messias. Há muitas outras, como as que podemos ler a seguir:

> Alegre-se muito, cidade de Sião! Exulte, Jerusalém! Eis que o *seu rei vem a você,* justo e vitorioso, humilde e montado num jumento, um jumentinho, cria de jumenta (Zacarias 9.9).

> Cães me rodearam! Um bando de homens maus me cercou! *Perfuraram minhas mãos e meus pés.* Posso contar todos os meus ossos, mas eles me encaram com desprezo. *Dividiram as minhas roupas entre si, e lançaram sortes pelas minhas vestes* (Salmos 22.16-18).

> Foi desprezado e rejeitado pelos homens, um homem de dores e experimentado no sofrimento. Como alguém de quem os homens escondem o rosto, foi desprezado, e nós não o tínhamos em estima. Certamente ele tomou sobre si as nossas enfermidades e sobre si levou as nossas doenças; contudo nós o consideramos castigado por Deus, por Deus atingido e afligido. Mas *ele foi*

traspassado por causa das nossas transgressões, foi esmagado por causa de nossas iniquidades; o castigo que nos trouxe paz estava sobre ele, e pelas suas feridas fomos curados (Isaías 53.3-5).

Embora Jesus com certeza tenha vindo à terra com o propósito de dar sua vida como resgate por muitos, sua obediência, seus sofrimentos e sua morte cumpriram plenamente a promessa que o Senhor havia feito à serpente em Gênesis 3.15: "Porei inimizade entre você e a mulher, entre a sua descendência e o descendente dela; *este ferirá a sua cabeça*, e você lhe ferirá o calcanhar".

> *Certamente ele tomou sobre si as nossas enfermidades e sobre si levou as nossas doenças.*

PONTOS PARA TER EM MENTE

1. À exceção de João 3.16, é impossível que outro versículo da Bíblia seja mais crucial e definitivo que Gênesis 3.15.

2. "A Escritura como um todo não pode estar concentrada em cada versículo, mas podemos ler a Escritura na certeza de que cada versículo contribuirá para entendê-la em sua totalidade."

3. Eva, de forma prematura e errônea, concluiu que essa promessa seria cumprida em seu primogênito, Caim, mas não foi.

4. Em pacto com o patriarca Abraão, Deus cumpriu o que havia prometido a respeito da semente.

5. Embora Jesus com certeza tenha vindo à terra com o propósito de dar sua vida como resgate por muitos, sua obediência, seus sofrimentos e sua morte cumpriram plenamente a promessa que o Senhor havia feito à serpente.

Capítulo 7
RELEVÂNCIA DA HUMANIDADE DE JESUS

*Cristo sofreu pelos pecados uma vez por todas,
o justo pelos injustos, para conduzir-nos a Deus.*
1Pedro 3.18

RELEVÂNCIA DA HUMANIDADE DE JESUS

*A*ssim como é essencial entender a divindade de Cristo, também é importante conhecer a essência de sua humanidade.

Jesus nasceu como ser humano, embora ainda fosse totalmente divino. É difícil para a mente limitada do homem entender o conceito da humanidade de Jesus em coexistência com o de sua divindade. No entanto, a natureza de Jesus, totalmente humana e totalmente divina, é um fato e uma verdade sustentada na Escritura como um todo.

No entanto, há quem rejeite essas verdades bíblicas e acredite que Jesus era homem, mas não Deus; outros, porém, pensam que ele era Deus, mas não homem. Com relação a tais argumentos, nem é preciso dizer que ambos os pontos de vista são falsos e antibíblicos, uma vez que Jesus se manifestou aos seres humanos como cem por cento Deus e cem por cento homem, como já vimos também nos capítulos anteriores.

Afinal, por que foi necessário que Jesus Cristo nascesse? Ele teve de nascer como ser humano por vários motivos, e um deles é indicado em Gálatas 4.4,5, quando o apóstolo Paulo afirma: "[...] quando chegou a plenitude do tempo, Deus enviou seu Filho, nascido de mulher, nascido debaixo da Lei, *a fim de redimir os que estavam sob a Lei*, para que recebêssemos a adoção de filhos".

Em primeiro lugar, Jesus teve de nascer para redimir os que estavam sob a Lei, para que recebêssemos a adoção de filhos de Deus, pois para um "ser" cumprir a Lei era necessário que fosse "nascido debaixo da Lei" — porque nenhum dos animais ou seres angelicais está "debaixo da Lei". Somente os seres humanos nasceram sob a Lei e apenas um ser humano poderia redimir outros seres humanos nascidos sob a mesma Lei.

> *Jesus se manifestou aos seres humanos como cem por cento Deus e cem por cento homem.*

Contudo, é preciso entender que, de acordo com a lei de Deus, todos os seres humanos são culpados de transgredi-la, "pois *todos pecaram* e estão destituídos da glória de Deus" (Romanos 3.23).

No entanto, houve um que pagou o preço ao viver de maneira perfeita, guardando a Lei em todos os sentidos, para com sua justiça apagar a nossa injustiça diante de Deus, o Criador.

> [...] sendo justificados gratuitamente por sua graça, por meio da redenção que há em Cristo Jesus. Deus o ofereceu como sacrifício para propiciação mediante a fé, pelo seu sangue, demonstrando a sua justiça. Em sua tolerância, havia deixado impunes os pecados anteriormente cometidos; mas, no presente, demonstrou a sua justiça, *a fim de ser justo e justificador daquele que tem fé em Jesus*. (Romanos 3.24-26)

Ou seja, Jesus obteve a nossa redenção na cruz ao trocar o nosso pecado por sua justiça perfeita, como afirma o apóstolo Paulo em 2Coríntios 5.21: "Deus tornou pecado por nós aquele que não tinha pecado, para que nele nos tornássemos justiça de Deus".

Outro motivo pelo qual Jesus tinha de ser totalmente humano é porque Deus estabeleceu a necessidade de derramamento de sangue para a remissão do pecado, conforme expresso em Levítico 17.11: "*A vida da carne está no sangue*, e eu o dei a vocês para fazerem propiciação por vocês mesmos no altar; é o sangue que faz propiciação

> *Jesus obteve a nossa redenção na cruz ao trocar o nosso pecado por sua justiça perfeita.*

pela vida". Em Hebreus, lemos: *"Sem derramamento de sangue não há perdão* [de pecados]" (9.22).

Aqui convém esclarecer que o sangue dos animais, embora temporariamente aceitável como anúncio do sangue do nosso perfeito Redentor, Jesus Cristo, era insuficiente para a remissão definitiva dos pecados, porque "é impossível que o sangue de touros e bodes tire pecados" (Hebreus 10.4). Por isso, Jesus Cristo, o Cordeiro perfeito de Deus, sacrificou sua vida humana e derramou seu sangue humano para cobrir os pecados de todos os seres humanos que viessem a crer em Deus por meio dele.

Se Jesus não tivesse nascido como homem e não tivesse dado a própria vida em resgate da humanidade, a nossa reconciliação com o Criador não teria sido possível.

Além disso, o fato de Jesus ter existido como homem permite que ele se relacione conosco de uma forma que nem os anjos nem os animais conseguem:

> Pois *não temos um sumo sacerdote que não possa compadecer-se das nossas fraquezas*, mas sim alguém que, como nós, passou por todo tipo de tentação, porém sem pecado (Hebreus 4.15).

Somente um ser humano poderia se compadecer das nossas fraquezas e tentações; em sua humanidade,

À MANEIRA DE CRISTO

Jesus foi submetido a todo tipo de provas, entre as quais as que enfrentamos e outras muito maiores do que podemos imaginar. Portanto, ele é capaz de nos ajudar e sustentar nas nossas fraquezas e de entendê-las. Por amor a nós, ele foi tentado, perseguido, desprezado, afligido, traído e cuspido; sofreu dores físicas e emocionais; sentiu-se triste e solitário; foi traído, caluniado e zombado; suportou as dores de uma morte lenta e cruel. Na verdade, em termos reais não somos capazes de compreender e apreciar de forma plena tudo o que o nosso amado Senhor e Salvador Jesus Cristo teve de experimentar. Contudo, estamos convencidos de algo: somente um ser humano podia experimentar todas essas coisas sem pecar, sem retaliar, sem fugir, sem tomar atalhos, sem se curvar e sem ser reduzido. Justamente por ter experimentado e suportado tudo isso de forma magistral, é que Jesus é o Mediador perfeito que pode nos entender perfeitamente.

PONTOS PARA TER EM MENTE

1. Assim como é essencial entender a divindade de Cristo, também é importante conhecer a essência de sua humanidade.

2. A natureza de Jesus, totalmente humana e totalmente divina, é um fato e uma verdade sustentada na Escritura como um todo.

3. Jesus teve de nascer para redimir os que estavam sob a Lei, para que recebêssemos a adoção de filhos de Deus.

4. O sangue dos animais, embora temporariamente aceitável como anúncio do sangue do nosso perfeito Redentor, Jesus Cristo, era insuficiente para a remissão definitiva dos pecados.

5. Se Jesus não tivesse nascido como homem e não tivesse dado a própria vida em resgate da humanidade, a nossa reconciliação com o Criador não teria sido possível.

PARTE II

O MODO SEGUNDO O QUAL CRISTO VIVEU

Capítulo 8
SEU CARÁTER E DETERMINAÇÃO

"*Não sabiam que eu devia estar na casa de meu Pai?*"
Lucas 2.49

SEU CARÁTER E DETERMINAÇÃO

$\mathcal{A}$ palavra "caráter" provém do grego *kharakter*, cujo significado é "aquele que grava", porque nos tempos antigos o termo era usado para descrever a pessoa que tinha o ofício de fazer estátuas. Assim, de acordo com sua raiz, a definição de "caráter" refere-se a estabilidade, firmeza e previsibilidade.

Por esse motivo, há cinco elementos conhecidos como caráter, que são os seguintes: uma letra, um número, um sinal de pontuação, uma estátua e um princípio. Por isso, entende-se que quem demonstra um caráter sólido é estável, firme e previsível, ou seja, é o mesmo em um lugar ou em outro, em uma hora ou em outra, independentemente das circunstâncias. Mesmo que esteja fazendo atividades diferentes, seja o que for, sempre o fará com base em seus valores e princípios.

Estabelecida a definição de caráter, observemos Jesus como o nosso modelo perfeito em todas as esferas da vida, até mesmo na manifestação de um caráter forte e sólido.

> Todos os anos seus pais iam a Jerusalém para a *festa da Páscoa. Quando ele completou doze anos de idade, eles subiram à festa, conforme o costume.* Terminada a festa, voltando seus pais para casa, o menino Jesus ficou em Jerusalém, sem que eles percebessem. Pensando que ele estava entre os companheiros de viagem, caminharam o dia todo. Então começaram a procurá-lo entre seus parentes e conhecidos. Não o encontrando, voltaram a Jerusalém para procurá-lo.
>
> Depois de três dias o encontraram no templo, sentado entre os mestres, ouvindo-os e fazendo-lhes perguntas. Todos os que o ouviam ficavam maravilhados com o seu entendimento e com as suas respostas. Quando seus pais o viram, ficaram perplexos. Sua mãe lhe disse: "Filho, por que você nos fez isto? Seu pai e eu estávamos *aflitos, à sua procura*". Ele perguntou: "Por que vocês estavam me procurando? Não sabiam que eu devia estar na casa de meu Pai?". (Lucas 2.41-49)

O relato que acabamos de ler é o único registrado sobre a infância de Jesus. Na verdade, Lucas, dos quatro evangelistas, é o único que o menciona. Lucas registra a viagem de Jesus a Jerusalém, acompanhado de seus pais, para celebrar a festa da Páscoa, quando ele tinha apenas 12 anos, em obediência à Lei, segundo a qual todo judeu do sexo masculino com mais de 12 anos era obrigado a comparecer a Jerusalém três vezes por ano, conforme expresso no livro de Deuteronômio:

> Três vezes por ano todos os seus homens [acima de 12 anos] se apresentarão ao SENHOR, o seu Deus, no local que ele escolher, por ocasião da festa dos pães sem fermento, da festa das semanas e da festa das cabanas (Deuteronômio 16.16).

As três festas mencionadas nessa passagem são de extrema importância, e seu significado é de valor incalculável para o povo judeu, mas aqui mencionaremos apenas a festa observada em Lucas 2.41-49 — a Páscoa. Embora examinada em detalhes mais adiante, é importante lembrar-se de que se tratava de uma festa anual realizada pelos judeus para celebrar a maneira pela qual Deus os libertara do cativeiro na terra do Egito.

Instruções sobre a celebração da Páscoa

O local para a celebração dessa festa sempre foi designado pelo Senhor. Enquanto o tabernáculo existiu, essa festa foi observada onde quer que ele se encontrasse; quando, porém, o tabernáculo foi substituído pelo templo, o lugar designado para celebrar a Páscoa passou a ser Jerusalém.

A respeito da instituição dessa festa, Moisés disse ao povo:

> "Quando entrarem na terra que o SENHOR prometeu dar a vocês, celebrem essa cerimônia. Quando os seus filhos perguntarem: 'O que significa esta cerimônia?', respondam-lhes: É o sacrifício da Páscoa ao SENHOR, que passou sobre as casas dos israelitas no Egito e poupou nossas casas" (Êxodo 12.25-27).

Depois de algumas considerações gerais sobre a festa a que Jesus compareceu com seus pais, com apenas 12 anos de idade, voltemos ao texto de Lucas a respeito dela:

> Todos os anos seus pais iam a Jerusalém para a *festa da Páscoa. Quando ele completou doze anos de idade, eles subiram à festa, conforme o costume.* Terminada a festa, voltando seus pais para casa, o menino Jesus ficou em Jerusalém, sem que eles percebessem. Pensando que ele estava entre os companheiros de viagem, caminharam o dia todo. Então começaram a procurá-lo entre seus parentes e conhecidos. Não o encontrando, voltaram a Jerusalém para procurá-lo.
>
> Depois de três dias o encontraram no templo, sentado entre os mestres, ouvindo-os e fazendo-lhes perguntas. Todos os que o ouviam ficavam maravilhados com o seu entendimento e com as suas

respostas. Quando seus pais o viram, ficaram perplexos. Sua mãe lhe disse: "Filho, por que você nos fez isto? Seu pai e eu estávamos *aflitos, à sua procura*". Ele perguntou: "Por que vocês estavam me procurando? Não sabiam que eu devia estar na casa de meu Pai?" (Lucas 2.41-50).

Um exame detalhado dessa passagem mostrará vários pontos que devemos considerar, como os seguintes:

- Era comum, após a celebração da Páscoa, que os membros do Sinédrio (cuja missão era administrar a justiça interpretando e aplicando a Lei sagrada) se reunissem nos tribunais do templo para discutir questões teológicas na presença de todos os que quisessem ouvir. Foi ali que os pais de Jesus o encontraram.

- Na época, embora ainda fosse uma criança, Jesus sabia muito bem qual era seu papel. Na verdade, sua forma de reagir, conforme o relato, leva a maioria dos comentaristas a acreditar ser bem possível que, a essa altura, Jesus já tivesse tido uma experiência especial com Deus, por meio da qual lhe foi revelada a missão para a qual havia nascido.

- Foram quatro expressões carregadas de revelação e propósito que o menino Jesus emitiu diante da censura da mãe ("Seu pai e eu estávamos aflitos, à sua procura").

1. "Por que vocês estavam me procurando?"

2. "Não sabiam [...]"

3. "[...] que eu devia estar [...]"

4. "[...] na casa de meu Pai?"

Com essas palavras, Jesus dava a entender a seus pais terrenos que sabia perfeitamente de onde vinha e onde estava, além de ter plena ciência da tarefa a ele designada. Examinemos agora o significado de cada uma dessas expressões:

"Por que vocês estavam me procurando?" — Não é segredo para ninguém que, quando sabemos onde alguém ou algo deve estar, não precisamos nos preocupar em procurá-lo: podemos ir diretamente a esse lugar.

"Não sabiam [...]" — Vinculada à pergunta anterior, essa frase revela que Jesus esperava que seus pais soubessem o que ele já sabia. Por esse motivo, respondeu à pergunta de Maria com outra pergunta, que expressa sua expectativa sobre o que seus pais terrenos deveriam saber.

"[...] que eu devia estar [...]" — A expressão "eu devia", nessa passagem, traz no original o termo *dei*, que se traduz por "conveniente", "inevitável", "essencial" — enfim, algo que não pode deixar de acontecer.

"[...] **na casa de meu Pai?**"— Essa frase revela de forma contundente que entender o propósito para o qual nascemos nos leva a perceber o lugar que nos corresponde.

Portanto, não podemos deixar de observar o fato de que Jesus não disse simplesmente que gostava ou desejava estar no templo, mas que era necessário estar ali.

Nessa parte do texto, é revelado que, dependendo da missão para a qual fomos chamados, teremos de realizar determinadas ações que nem sempre serão compreendidas pelos demais. Além disso, embora para alguns sejam apenas opções, para nós são necessidades atreladas ao cumprimento do nosso propósito. Por isso, para Jesus não era uma opção estar no templo: era algo absolutamente necessário, vinculado à tarefa e à missão que ele deveria cumprir.

O caráter de Cristo nesse relato

A esse respeito, convém observar que os pais de Jesus o procuravam angustiados por não saberem onde ele estava e, ao expressarem esse sentimento ao filho, Jesus, em vez de se desculpar com eles, fez a seguinte pergunta: "Por que vocês estavam me procurando? Não sabiam que eu devia estar na casa de meu Pai?".

Jesus sabia perfeitamente de onde vinha e onde estava e tinha plena ciência da tarefa a ele designada.

Em outras palavras, Jesus queria dizer a seus pais: "Se vocês tivessem entendido o lugar que me corresponde ocupar por causa da minha missão, não precisariam ficar ansiosos me procurando, porque saberiam desde o início onde me encontrar".

O caráter definido de Jesus conduzia-o aonde ele deveria estar, mas a falta de compreensão por parte de seus pais sobre essa necessidade levou-os a procurá-lo ansiosamente em vários lugares sem nenhuma necessidade caso tivessem entendido desde o início.

Ora, aqui é importante destacar que nem sempre é o que acontece com relação ao caráter manifesto por algumas pessoas. Apesar do que dizem ser, ao contrabalançar suas ações e palavras encontramos apenas incongruências. Por isso, muitos (segundo o que aqueles professam ser) esperam ver exposto um modelo de vida que corresponda ao que se autodenominam e pensam que, por não serem visíveis, tais pessoas estão no lugar certo fazendo apenas o que têm de fazer. Por isso, não se mostram "aflitos" quando tais pessoas "se perdem", e sua angústia acaba por ser um golpe baixo, quando fica evidente que tal pessoa não é aquilo que professava ser.

Implicações de ter um caráter firme como o de Cristo

Ter um caráter firme é ter a capacidade de integrar as nossas crenças e essência com o nosso comportamento e ações. É também ter uma disciplina autoimposta, eficaz não somente em público, mas especialmente quando ninguém nos vê, pois é claro que nenhuma conquista pública pode ser sustentada com princípios de um fundamento arruinado.

Se você quiser saber quão forte é o seu caráter, pense em como responderia às seguintes perguntas:

- O que você está fazendo em segredo que, caso fosse divulgado publicamente, afetaria a sua credibilidade e o seu testemunho?

- Com que pessoas você tem se relacionado, as quais, em vez de ajudá-lo a crescer, o têm corrompido?

- Que tipo de ofertas você tem recebido que, se aceitas, podem afetar os seus princípios?

- Quando você cede a uma oferta, faz isso com base em seus desejos ou em valores e princípios?

A maneira de enfrentarmos a tentação e o que fazemos quando não somos vistos pelos outros revelam quão sólido e firme é o nosso caráter.

O nosso caráter é tão forte quanto as tentações que suportamos sem ceder.

Porque o nosso caráter é tão forte quanto as tentações que suportamos sem ceder.

Como pessoas que tentam agradar a Deus e servir de exemplo para a vida de outros, uma das nossas prioridades deve ser fazer que cada dia o caráter de Cristo seja formado em nós, uma vez que temos como maior exemplo de alguém digno de ser imitado o nosso amado Senhor e Salvador Jesus Cristo.

Portanto, não podemos ignorar as falhas do nosso caráter, porque toda fenda não reparada, mais cedo ou mais tarde, levará ao colapso.

Os seus dons e talentos irão tão longe quanto o seu caráter permitir, porque o caráter é o recipiente das realizações, dos esforços e dos objetivos alcançados. Portanto, tome cuidado, pois, quando o recipiente se rompe, é impossível não estragar seu conteúdo.

A base da credibilidade é a integridade.

A base da credibilidade é a integridade. Portanto, se você nunca foi uma pessoa verdadeira, não fique zangado se os outros não confiarem em você. Simplesmente se esforce para corrigir o seu caráter, de modo que possa reconquistar a confiança dos demais.

Por fim, não se esqueça de que os valores são melhores e mais importantes que as regras, porque os valores vêm de dentro, mas as regras são impostas de fora.

PONTOS PARA TER EM MENTE

1. A palavra "caráter" provém do grego *kharakter*, cujo significado é "aquele que grava", porque nos tempos antigos o termo era usado para descrever a pessoa que tinha o ofício de fazer estátuas.

2. Entender o propósito para o qual nascemos nos leva a perceber o lugar que nos corresponde.

3. Ter um caráter firme é ter a capacidade de integrar as nossas crenças e essência com o nosso comportamento e ações.

4. Nenhuma conquista pública pode ser sustentada com princípios de um fundamento arruinado.

5. A única maneira genuína de testar o nosso caráter é observar como enfrentamos a tentação e como nos comportamos quando não estamos sendo vistos.

Capítulo 9

SUA RESPOSTA DIANTE DA TENTAÇÃO

Jesus foi levado pelo Espírito ao deserto,
para ser tentado pelo Diabo.
Mateus 4.1

SUA RESPOSTA DIANTE DA TENTAÇÃO

A tentação de Jesus é parte essencial de seu ministério, por isso vamos analisá-la, neste capítulo, de duas perspectivas: exposição e aplicação. Na exposição, consideraremos os detalhes do texto; na aplicação, observaremos alguns ensinamentos práticos sobre esse episódio essencial da vida de Cristo.

Quanto aos detalhes do texto (exposição), serão divididos em três pontos relacionados a esse acontecimento, que são os seguintes:

- O início da tentação.
- Como surgiu a tentação?
- Em que contexto ocorre a tentação?

Jesus foi levado pelo Espírito ao deserto, para ser tentado pelo Diabo. Depois de jejuar quarenta dias e quarenta noites, teve fome. (Mateus 4.1,2)

Dito isso, a primeira observação a ser feita é que esse fato ocorreu depois de Jesus ter se identificado com os crentes em seu batismo, relatado exatamente no capítulo anterior. Depois disso, ele estava pronto para se identificar com toda a humanidade no que diz respeito às tentações que esta enfrenta. Portanto, devido às diferenças entre o capítulo 3 e o capítulo 4, o contraste entre as duas passagens é impressionante, como veremos a seguir.

No capítulo 3, vemos a glória do batismo de Jesus e o momento em que Deus Pai declarou no meio de uma multidão: "Este é o meu Filho amado, de quem me agrado". No capítulo 4, vemos Jesus desafiado pela tentação. No capítulo 3, o fato ocorreu no meio das águas do Jordão, mas, no capítulo 4, aconteceu no deserto desolado, seco e árido da província da Judeia. O primeiro ocorreu diante de uma grande multidão; o segundo, em grande solidão e silêncio. No capítulo 3, o Espírito Santo veio como pomba sobre ele, ao passo que no capítulo 4 ele o conduziu ao deserto para ser tentado pelo Diabo. No capítulo 3, encontramos a ternura do Pai, que o chamou "Filho amado, de quem me agrado". No capítulo 4, deparamos com a crueldade de Satanás, que atacou o Filho de Deus com fortes tentações. No capítulo 3, Jesus experimentou a água do batismo. No capítulo 4, sentiu o calor ardente do deserto. No capítulo 3, as portas do céu foram abertas. No capítulo 4, as portas do inferno se abriram.

Por essas e outras razões, o contraste não poderia ser maior. No entanto, convém ressaltar que Jesus não precisava ser tentado para crescer, porque ele era Deus. Em vez disso, ele foi tentado por três motivos principais, que são os seguintes:

- Como o "último Adão" enviado por Deus à terra, ele teve de vencer a tentação que o primeiro Adão não superou (cf. 1Coríntios 15.45).

- Antes de derrotar o Inimigo publicamente, ele precisou derrotá-lo em um confronto privado.

- Sua disposição para se identificar com a humanidade também devia ser evidenciada ao enfrentar a tentação. Ao fazer isso, ele nos deixou um modelo estabelecido de como devemos reagir a ela.

> Não temos um sumo sacerdote que não possa compadecer-se das nossas fraquezas, mas sim alguém que, *como nós, passou por todo tipo de tentação, porém sem pecado.* (Hebreus 4.15)

Aqui é importante destacar alguns aspectos que valem a pena considerar:

- **Jesus foi levado ao deserto para ser testado**

O termo "tentação", usado nessa passagem, na língua original é *peirazo*, traduzido por "testar", "escrutinar", "examinar" e "tentar". Convém esclarecer, já que no nosso idioma o termo "tentação" tem um sentido uniforme e sistematicamente negativo, pois sempre implica induzir uma pessoa a fazer algo que não é correto, seduzi-la ao pecado ou tentar persuadi-la a tomar uma decisão contrária à moralidade ou à lei de Deus. No entanto, o termo *peirazo*, como já vimos, é completamente diferente em seu significado, embora a maioria das traduções, ao citar esse episódio, diga que Jesus foi "tentado". São poucas as exceções, como as seguintes:

> Depois disso, o Espírito levou Jesus ao deserto para que o Diabo *o pusesse à prova* (BLPH).

> Então o Espírito de Deus conduziu Jesus ao deserto, para que o *Diabo tentasse fazê-lo cair em suas armadilhas* (TLA).

A Bíblia diz que todos são tentados quando se deixam levar e ser seduzidos pelos próprios desejos malignos (cf. Tiago 1.14). No caso de Jesus, Satanás não encontrou nele nenhum desejo maligno no qual ancorar suas intenções, mas se utilizou de seus melhores ataques para tentar desviá-lo do propósito para o qual Jesus fora enviado. Assim, o ser humano deve ser testado da mesma forma que o metal — submetido a uma pressão e a uma tensão superiores que as que terá de suportar para ser útil em seu uso prático — antes de ser usado para cumprir a tarefa a ele designada por Deus.

- **O local do teste**

O local onde se realizou essa prova foi o "deserto"; no Antigo Testamento esse deserto é precisamente denominado Jesimom, que na língua original significa "a desolação". O lugar se estende por uma área de 50 km por 25 km, muitas vezes descrita pelos visitantes como uma terra muito árida, composta de areia amarela e pedra calcária. As colinas são como montes de pó, que no calor reluzem como uma imensa fornalha e se precipitam até o mar Morto em uma queda de 400 metros de pedras calcárias, pederneiras e rochas sedimentares, entre precipícios penetrantes e salientes.

Nesse deserto, Jesus devia estar mais sozinho que em qualquer outro lugar da Palestina, porque ninguém desejaria passar nem perto dali, devido às condições do local.

- **Satanás não enviou nenhum de seus enviados**

Além do que já foi observado na primeira parte do texto, não podemos ignorar o fato de que foi o próprio Diabo quem tentou Jesus. Portanto, a tentação de Jesus em muitos aspectos foi muito mais severa que as provações pelas quais passamos continuamente, uma vez que somos tentados por demônios pertencentes ao reino das trevas, mas não por Satanás diretamente. Ou seja, nesse teste Jesus suportou um nível de estresse e de pressão a que nunca seremos expostos.

> *Depois de jejuar quarenta dias e quarenta noites, teve fome.* (v. 2)

Ao explorar o primeiro versículo dessa passagem, observamos a condição do lugar e a intenção pela qual Jesus foi levado até lá. Agora, no versículo 2, somos informados da condição em que Jesus se encontrava depois de ter jejuado quarenta dias e quarenta noites: "Depois de jejuar quarenta dias e quarenta noites, *teve fome*".

Não podemos deixar de observar aqui o que dizem os estudiosos a respeito da fome que Jesus sentiu nesse momento. Está cientificamente comprovado que, após um jejum tão prolongado, a pessoa faminta começa a morrer aos poucos com o retorno das dores da fome. Portanto, tratava-se de uma condição de extrema fraqueza em termos humanos.

Ao considerar esses elementos em conjunto, podemos entender melhor a verdadeira intensidade da tentação a que Jesus foi exposto. Na verdade, alguns comentaristas concordam em que não foi apenas no final do jejum que Jesus foi tentado, mas durante todo o tempo em que se manteve isolado. Essas três etapas refletem o rigor reservado para o momento culminante, que foi o fim do jejum intenso, quando, em razão do grande número de dias que passou sem comer em termos humanos, Jesus se sentia mais debilitado. Essa ideia é extraída do que revela o primeiro versículo: "Jesus foi levado pelo Espírito ao deserto, *para ser tentado pelo Diabo*".

- **A composição da tentação**

Agora, passemos a analisar em detalhes os três aspectos da tentação, sobre os quais essa passagem se refere. O primeiro está contido nos versículos 3 e 4:

> O tentador aproximou-se dele e disse: "*Se és o Filho de Deus, manda que estas pedras se transformem em pães*". Jesus respondeu: "Está escrito: 'Nem só de pão viverá o homem, mas de toda palavra que procede da boca de Deus' ".

O foco da primeira tentação era sobre o incitamento a pôr os desejos da carne acima da vontade de Deus.

Nessa parte inicial da tentação de Jesus, Satanás concentrou-se nas necessidades físicas que Jesus experimentava ali, que, de alguma forma, representam também as necessidades que nós, como seres humanos, enfrentamos continuamente. Nesse sentido, é importante considerar o seguinte: "O tentador

> *O foco da primeira tentação tratava do incitamento a pôr os desejos da carne acima da vontade de Deus.*

aproximou-se dele". Consequentemente, não devemos duvidar de que "o tentador" virá, mas devemos estar preparados para derrotá-lo quando ele aparecer. Porque ele com certeza virá, e enfrentaremos diversas tentações enquanto estivermos neste corpo.

Além disso, convém observar a forma em que Jesus é abordado por Satanás: "Se és o Filho de Deus, manda que estas pedras se transformem em pães" (v. 3). Na língua original, a ênfase de Satanás não é "Se és o Filho...", mas, sim, "Já que és o Filho...". Ou seja, ele não estava questionando a divindade de Jesus, mas usou essa verdade para desafiá-lo a provar, por meio de obras milagrosas, o que ele era, como se dissesse: "Já que és o Filho de Deus, por que não fazes isto: diz às pedras que se transformem em pães".

A esta altura, alguns podem pensar: "Mas, se Jesus podia fazer esse milagre e, depois de ter jejuado quarenta dias e quarenta noites, ele estava com fome, por que transformar as pedras em pães seria uma tentação? O que havia de errado em fazer o que o Adversário sugeria?".

A resposta para isso é que a tentação de Satanás baseava-se em induzir Jesus a usar seus dons para propósitos pessoais e egoístas, sugerindo-lhe que ele demonstrasse sua capacidade de prover comida para si mesmo e assim acabar com a própria fome.

Em essência, o propósito dessa tentação era levar Jesus a satisfizer seus próprios desejos, bem como saciar suas necessidades, fazendo uso do poder e dos dons que possuía, permitindo-se inspirar pela sugestão do Adversário. No entanto, longe de cair na armadilha, Jesus respondeu: "Está escrito: 'Nem só de pão viverá o homem, mas de toda palavra que procede da boca de Deus' " (v. 4).

Portanto, Jesus não apenas rejeitou a tentação, como também citou o texto contido no Antigo Testamento, especificamente Deuteronômio 8.3. O Senhor aproveitou a ocasião para ensinar as pessoas a conhecê-lo de forma profunda e diferente.

Ao responder dessa maneira à primeira tentação registrada por parte de Satanás, Jesus deixou claro que sua fome não era apenas de "pão", mas de cumprir a vontade de Deus em sua vida.

Ao destacar a passagem de Deuteronômio, Jesus queria deixar claro que cada palavra que sai da boca de Deus deve ser mais preciosa para nós que o próprio alimento ou qualquer desejo da carne.

Analisemos outra vez a sugestão do Adversário, que era basicamente esta: "Se tens poder para resolver a tua fome, por que ages assim contigo mesmo? Por que passar fome, quando podes te satisfazer e não ter esta necessidade? Por que passar fome a ponto de morrer, se tens opções?".

No entanto, quando o Adversário usou a fome como ferramenta de ataque, Jesus contra-atacou com o desejo e a inabalável disposição de agradar a Deus.

Portanto, como vimos nessa primeira tentação, Satanás apelou para os desejos da carne e para as necessidades físicas de Jesus como homem, mas Jesus respondeu que a vida é superior a isso.

Todo ser humano tem necessidades físicas e emocionais. Estamos todos saturados de necessidades, mas atender a essas necessidades nunca deve ser mais importante que o desejo de obedecer a Deus.

Satanás sempre tenta nos incitar a viver para satisfazer as nossas necessidades, mesmo que isso prejudique o nosso relacionamento com o Senhor. Note-se que esse é o motivo pelo qual muitos cristãos vivem uma vida espiritualmente fraca e outros se desviam completamente do plano e do propósito que o Senhor delineou para eles.

- **Ao falhar em sua primeira tentativa, Satanás intensificou a força de seus ataques**

   Então o Diabo o levou à cidade santa, colocou-o na parte mais alta do templo e lhe disse: "Se és o Filho de Deus, joga-te daqui para baixo. Pois está escrito:

'Ele dará ordens a seus anjos a seu respeito, e com as mãos eles o segurarão, para que você não tropece em alguma pedra' ". Jesus lhe respondeu: "Também está escrito: 'Não ponha à prova o Senhor, o seu Deus' ". (v. 5-7)

Aqui podemos observar que Satanás usa a Palavra de Deus de forma sutil e sagaz, para alavancar seu ataque: "Está escrito: 'Ele dará ordens a seus anjos a seu respeito, e com as mãos eles o segurarão, para que você não tropece em alguma pedra' " . Jesus, porém, retrucou: *"Também está escrito*: 'Não ponha à prova o Senhor, o seu Deus' ".

O foco da segunda tentação era sobre o orgulho da vida e o exibicionismo com relação ao que recebemos de Deus.

Nessa parte da tentação, a primeira coisa que Satanás fez foi levar Jesus à cidade santa e colocá-lo na parte mais alta, ou pináculo, do templo. Para entendermos melhor essa ação, devemos considerar alguns pontos importantes do contexto.

Satanás sempre tenta nos incitar a viver para satisfazer as nossas necessidades, mesmo que isso prejudique o nosso relacionamento com o Senhor.

De acordo com historiadores, o pináculo do templo tinha cerca de 61 metros de altura e era formado pelos ângulos do templo, o que equivale à altura de um prédio de seis andares.

O historiador Flávio Josefo informa que o local era muito alto e que muitos dos que chegavam ali sentiam vertigens ao olhar para a cidade lá embaixo.

Quem conhece o lugar hoje diz que dali se tem uma vista espetacular, que inclui o vale do Cedrom e o monte das Oliveiras.

De acordo com a maioria dos historiadores bíblicos, o apóstolo Tiago, irmão mais novo de Jesus, morreu ao ser lançado desse mesmo lugar, por causa da oposição que o evangelho enfrentou em seus primórdios.

Foi a esse pináculo que Satanás levou Jesus e, uma vez estando ali, disse-lhe: "Se és o Filho de Deus, joga-te daqui para baixo. Pois está escrito: 'Ele dará ordens a seus anjos a seu respeito, e com as mãos eles o segurarão, para que você não tropece em alguma pedra' ".

Se Jesus tivesse se deixado levar pelo Adversário e se lançado do pináculo, os anjos teriam aparecido para ajudá-lo, e seria um espetáculo impressionante, que nem mesmo o melhor dos circos poderia oferecer ao público. A ideia de Satanás era instigar Jesus a promover um ato sobrenatural em uma exibição pública para mostrar o que era capaz de fazer.

Nessa parte da tentação, o Adversário lhe diz: "Se és o Filho de Deus, joga-te daqui para baixo. Pois está escrito: 'Ele dará ordens a seus anjos a seu respeito, e com as mãos eles o segurarão, para que você não tropece em alguma pedra' ". Com esse questionamento da identidade de Jesus, Satanás estava desafiando a integridade da Palavra e *apelando ao desejo natural que todo ser humano tem de sentir que Deus está com ele e de querer manifestá-lo em público*. Então, para isso, mencionou a Palavra de Deus. O Adversário também conhece as Escrituras e é especialista em citá-las fora de contexto, a fim de confundir aqueles que lhe dão ouvidos.

Mas qual foi a passagem usada pelo Adversário? A citação é de Salmos 91.11,12, que diz: "Porque a seus anjos ele dará ordens a seu respeito, para que o protejam em todos os seus caminhos; com as mãos eles o segurarão, para que você não tropece em alguma pedra".

Se examinarmos essa passagem de perto, constataremos que Satanás a citou, mas fora de contexto. Era como se ele dissesse a Jesus: "O teu pai prometeu que, se te lançares daqui, os anjos irão te acompanhar. Então, pula, porque Deus vai te guardar, e será um acontecimento interessante, pelo qual se confirmará que tu és o Messias, aquele que havia sido anunciado".

A esse respeito, o renomado pregador Charles Spurgeon comentou certa vez: "Satanás tomou emprestada a arma do nosso Senhor, dizendo: 'Está escrito', mas não a utilizou de forma legal, porque não faz parte de sua natureza fingida citar o texto sagrado na íntegra. Em vez disso, ele deixou de mencionar as palavras-chave e necessárias, para poder aplicar o que disse ao que Deus de fato havia prometido".

Mas por que dizemos que Satanás usou o texto de forma incorreta ou tendenciosa? Porque ele excluiu a parte do texto que diz: "[...] para que o protejam em todos os seus *caminhos*". Portanto, tentar a Deus dessa maneira não se aplica ao que o texto estabelece com relação a essa promessa em particular. Porque Deus nunca prometeu enviar seus anjos para nos acompanhar em caminhos pecaminosos e errados.

> *Deus nunca prometeu enviar seus anjos para nos acompanhar em caminhos pecaminosos e errados.*

Em contrapartida, convém observar que, por causa de seu nível de conhecimento da Palavra de Deus, Jesus foi capaz de discernir o engano e a aplicação imprópria que o Adversário fez do texto. Longe de dar espaço à trama gestada pelo Adversário, ele retrucou com firmeza: "Também está escrito: 'Não ponha à prova o Senhor, o seu Deus' ".

À semelhança da resposta anterior de Jesus, trata-se também de uma passagem de Deuteronômio, mais precisamente em 6.16, que diz: "*Não ponham à prova o Senhor, o seu Deus, como fizeram em Massá*".

Em que contexto foi dito isso? Em Deuteronômio 6, um capítulo repleto de ações a respeito de como honrar a Deus, está a advertência de não tentá-lo.

O registro da ocasião em que o povo tentou Deus encontra-se em Êxodo 17.2, onde se lê: "[Os israelitas] queixaram-se a Moisés e exigiram: 'Dê-nos água para beber'. Ele respondeu: 'Por que se queixam a mim? Por que põem o Senhor à prova?' ". O problema da sede do povo foi resolvido depois que Moisés orou a Deus e foi conduzido pelo Senhor à rocha do monte Horebe, depois de receber as devidas instruções. No entanto, embora a sede do povo tenha sido eliminada, o problema da incredulidade permanecia no coração deles. Por isso, depois desse acontecimento, Êxodo 17. 7 registra que Moisés deu ao lugar o nome de Massá e Meribá, por causa da contenda dos filhos de Israel e por terem tentado a Deus, dizendo: "O Senhor está entre nós, ou não?". Portanto, esse incidente foi registrado em Êxodo 17, atualizado nas exortações de Deuteronômio 6 e relembrado por Jesus em Mateus 4, na ocasião em que foi tentado.

Já o raciocínio de Satanás a respeito dessa tentação foi o seguinte: "Já que confias tanto em Deus, como afirmaste na tentação anterior, lança-te daqui.

Porque a Escritura diz que os anjos te guardarão, para que o teu pé não tropece em nenhuma pedra".

Contudo, o fato de confiarmos em Deus não significa que esse cuidado seja evidenciado a nosso favor mesmo que venhamos a cometer uma imprudência. Quando Jesus deu essa resposta, era como se estivesse dizendo: "Eu não tenho que pôr à prova o cuidado de Deus por mim. Confio que posso contar com isso, e ponto final. Deus dirige a minha vida, e não vou tentá-lo com nada disso só para agradar você".

A esse respeito, convém lembrar que as promessas de Deus não são para satisfazer os nossos caprichos, e sim para facilitar a nossa obediência a ele. Deus não é o nosso assistente pessoal para apoiar as nossas aspirações quando elas são contrárias aos planos que ele tem para nós. Deus é o Rei soberano que dirige a nossa vida de acordo com o propósito eterno que delineou para nós.

Portanto, a primeira tentação teve o propósito de incitar Jesus a satisfazer seus próprios desejos, mesmo que não estivessem de acordo com a vontade de Deus. A segunda tentação foi dirigida à soberba da vida, levando-o a mostrar o que Deus era capaz de fazer por ele.

Vejamos agora em que se baseou a terceira tentação:

> Depois, o Diabo o levou a um monte muito alto e mostrou-lhe todos os reinos do mundo e o

seu esplendor. E disse-lhe: "Tudo isto te darei se te prostrares e me adorares". Jesus lhe disse: "Retire-se, Satanás! Pois está escrito: 'Adore o Senhor, o seu Deus, e só a ele preste culto' " (Mateus 4.8-10).

A primeira questão que se percebe nesse texto é que Satanás levou Jesus a um monte muito alto e mostrou-lhe todos os reinos da terra. A palavra-chave aqui é "mostrou", porque a intenção do Adversário era deslumbrar Jesus com os reinos que lhe mostrara. Na verdade, é possível que, para reforçar o efeito desse ataque, Satanás tenha feito esses reinos parecerem muito mais atraentes do que realmente eram, já que estava apelando para a sedução visual. Então, disse: "Tudo isto te darei se te prostrares e me adorares".

Essa parte da tentação convidava Jesus a tomar um atalho para evitar a cruz e consistia na maior tentação, pois o que o Adversário lhe estava propondo era, sem dúvida, algo muito atraente. A oferta era basicamente: "Eu te ofereço os reinos, sem que tenhas de carregar a cruz. Darei a ti todas estas coisas sem que precises sofrer para conquistá-las". Em troca de tudo isso, tudo que lhe pedia era adoração — e adoração era o que ele perseguia desde o início, como lemos em Isaías 14.13-15:

> Como você caiu dos céus, ó estrela da manhã, filho da alvorada! Como foi atirado à terra, você, que derrubava as nações! Você, que dizia no seu coração: "Subirei aos céus; erguerei o meu trono acima

das estrelas de Deus; eu me assentarei no monte da assembleia, no ponto mais elevado do monte santo. Subirei mais alto que as mais altas nuvens; serei como o Altíssimo". Mas às profundezas do Sheol você será levado, irá ao fundo do abismo!

Satanás sempre quis ser adorado. Na verdade, tem grande habilidade em mostrar os supostos benefícios que oferece, ao mesmo tempo que esconde o alto custo que representam para quem cai em suas armadilhas.

Além disso, para entender melhor o que está implícito nessa tentação, é preciso lembrar-se de que Jesus veio não apenas para dar sua vida em resgate da humanidade, mas também para restaurar todas as coisas afetadas pelo pecado, incluindo os reinos presos às garras de Satanás. Foi por saber disso que o Adversário, em outras palavras, propôs: "Vou facilitar para ti". No entanto, Jesus respondeu: *"Retire-se, Satanás! Pois está escrito: 'Adore o Senhor, o seu Deus, e só a ele preste culto'* " (v. 10).

Que parte das Escrituras Jesus citou nessa ocasião? Mais uma vez, foi citada uma passagem de Deuteronômio, que diz: "Temam o Senhor, o seu Deus, e só a ele prestem culto" (6.13).

É digno de nota nessa tentação que Jesus não só rejeitou a oferta de um caminho mais fácil, como tampouco se deteve para considerar quão atraente parecia a oferta. Em vez disso, com toda a autoridade e firmeza, disse ao tentador: " *'Retire-se, Satanás!'* [...] Então o Diabo o deixou, e anjos vieram e o serviram" (Mateus 4.10,11).

A frase "Então o Diabo o deixou" significa que Jesus venceu Satanás e tornou sem efeito a sutil estratégia que este adotou na tentativa de derrotá-lo, ao desmascarar suas mentiras e desmantelar seus enganos.

Contudo, apesar da derrota, o Adversário não desistiu. Porque essa não foi a única vez que "o tentador" tramou contra Jesus. De fato, observemos que no texto paralelo dessa passagem o evangelista Lucas informa: "Tendo terminado todas essas tentações, o Diabo o deixou *até ocasião oportuna*" (Lucas 4.13).

Após a derrota sofrida no deserto, Satanás não desistiu, mas, em todas as ocasiões em que foi tentado, Jesus, sim, o derrotou.

Assim, após a derrota sofrida no deserto, Satanás não desistiu, mas, em todas as ocasiões em que foi tentado, Jesus, sim, o derrotou.

Depois de Jesus ter obtido a vitória ao não ceder a nenhuma das tentações que o Adversário lhe apresentou, os anjos vieram e o serviram. A recompensa que recebemos toda vez que resistimos à tentação é experimentar uma manifestação gloriosa de Deus.

As lições que podemos extrair dessa etapa da vida de Jesus são diversas. Uma das primeiras é que não devemos tomar atalhos e rejeitar categoricamente as ofertas vindas do Adversário, por mais atraentes que pareçam. É exatamente por saber quão impacientes podemos ser às vezes que ele aproveita para nos fazer suas sugestões sutis e venenosas, pois sabe muito bem que a nossa corrida não tem como fundamento a velocidade, mas a resistência.

Por fim, é de vital importância que entendamos os seguintes pontos em torno dessa situação:

- **Nós e Jesus temos o mesmo Adversário**

Por isso, o apóstolo Pedro aconselha: "Estejam alertas e vigiem. O Diabo, o inimigo de vocês, anda ao redor como leão, rugindo e procurando a quem possa devorar" (1Pedro 5.8).

- **O nosso conflito é real e não deve ser encarado com leviandade**

> "Pois a nossa luta não é contra seres humanos, mas contra os poderes e autoridades, contra os

dominadores deste mundo de trevas, contra as forças espirituais do mal nas regiões celestiais." (Efésios 6.12.)

- **As nossas tentações são semelhantes às de Jesus**

Satanás tenta-nos com a imoralidade pelos desejos da carne, com o materialismo pela concupiscência dos olhos e com a arrogância pela soberba da vida.

Não podemos agradar a Deus se atender às nossas necessidades físicas for mais importante do que obedecer a ele.

Não podemos agradar a Deus se as aspirações terrenas forem mais atraentes para nós que as aspirações celestiais.

Não podemos agradar a Deus se a necessidade de ter uma boa aparência for mais atraente que a necessidade de sermos fiéis.

Se o que está vazio em nós não for preenchido pelo Espírito Santo, esse espaço será alvo dos ataques do Adversário para ter acesso a nós e nos destruir.

- **Temos a mesma ferramenta que Jesus usou para vencer**

Temos a Palavra de Deus, e convém observar que Jesus, mesmo sendo Deus, precisou se apoiar na Palavra. Portanto, para vencer a tentação, teremos de fazer o mesmo. Porque Jesus não usou nada que não esteja ao nosso alcance para derrotar o Adversário. "[...] usem o escudo da fé, com o qual vocês poderão apagar todas as setas inflamadas do Maligno. Usem o capacete da salvação e a espada do Espírito, que é a palavra de Deus." (Efésios 6.16,17)

PONTOS PARA TER EM MENTE

1. Todo ser humano tem necessidades físicas e emocionais. Estamos todos saturados de necessidades, mas atender a essas necessidades nunca deve ser mais importante que o desejo de obedecer a Deus.

2. As promessas de Deus não são para satisfazer os nossos caprichos, e sim para facilitar a nossa obediência a ele.

3. Deus não é o nosso assistente pessoal para apoiar as nossas aspirações quando elas são contrárias aos planos que ele tem para nós.

4. Não podemos agradar a Deus se atender às nossas necessidades físicas for mais importante do que obedecer a ele.

5. A recompensa que recebemos toda vez que resistimos à tentação é experimentar uma manifestação gloriosa de Deus.

Capítulo 10
O TRATAMENTO DISPENSADO ÀS PESSOAS

"Simão, [...] Cuide dos meus cordeiros."
João 21.15

O TRATAMENTO DISPENSADO ÀS PESSOAS

Quando ele desceu do monte, grandes multidões o seguiram. Um leproso, aproximando-se, adorou-o de joelhos e disse: "Senhor, se quiseres, podes purificar-me!" Jesus estendeu a mão, tocou nele e disse: "Quero. Seja purificado!" Imediatamente ele foi purificado da lepra.

Essa história é contada nos primeiros versículos do capítulo 8 de Mateus, no qual são registradas exatamente três curas realizadas por Jesus: a de um leproso, a paralisia do servo do centurião e a febre da sogra de Pedro. Desses três milagres, porém, o primeiro foi a cura do leproso. Antes de entrar nos detalhes dessa cura, observemos alguns pontos importantes sobre o que acontecia com o Mestre naquele momento.

- Ele tinha acabado de descer do monte, onde havia proferido o famoso Sermão do Monte e vários outros ensinamentos, sobre os quais o evangelista Mateus diz o seguinte: "Quando Jesus acabou de dizer essas coisas, *as multidões estavam maravilhadas* com o seu ensino, porque ele as ensinava como quem tem autoridade, e não como os mestres da lei" (Mateus 7.28,29).

- Quando ele desceu do monte, muita gente o seguiu.
- Em vez de se distrair com a multidão, ele se dispôs a curar um leproso.

Depois de examinar esses pontos, voltemos a considerar o que diz Mateus 8.1-3:

> Quando ele desceu do monte, grandes multidões o seguiram. Um leproso, aproximando-se, adorou-o de joelhos e disse: "Senhor, se quiseres, podes purificar-me!" Jesus estendeu a mão, tocou nele e disse: "Quero. Seja purificado!" Imediatamente ele foi purificado da lepra.

A lepra era considerada entre os judeus um sinal especial do desagrado de Deus. Por conseguinte, supunha-se que só poderia ser curada diretamente pela mão divina. Por esse motivo, nenhuma tentativa de curar a doença era feita pelos médicos. Assim, o leproso ficava sob a supervisão dos sacerdotes e ministros de Deus, encarregados de observá-lo (de acordo com a Lei e com as medidas estabelecidas) para ver o que

Deus faria com a pessoa leprosa. Cristo, porém, não só curou a lepra, como autorizou seus discípulos a fazer o mesmo em seu nome, como lemos em Mateus 10.8: "Curem os enfermos, ressuscitem os mortos, *purifiquem os leprosos*, expulsem os demônios".

No mundo antigo, a lepra era a mais terrível das doenças, pois nenhuma outra enfermidade reduzia o ser humano a uma condição tão repulsiva como a lepra.

A doença começava a se manifestar com a perda de sensibilidade e com o surgimento de pequenos nódulos, que se espalhavam por todo o corpo até que a pele ficava coberta de feridas. As pálpebras caíam, e os olhos perdiam a mobilidade, de modo que se tinha a impressão de que o doente olhava sempre para um só lugar. As cordas vocais ulceradas tornavam a voz áspera. A respiração sibilava, os troncos nervosos eram afetados, os músculos se decompunham e os tendões se contraíam até fazer as mãos parecerem garras. A perda dos membros era progressiva, e geralmente as partes mais afetadas eram as mãos e os pés.

O processo normal da lepra durava cerca de nove anos, no qual o doente ia se degenerando até parecer um asqueroso cadáver ambulante.

A condição física do leproso era terrível, mas havia algo que tornava tudo ainda pior: ele era tratado como se já estivesse de fato morto. Na verdade, assim que a lepra era diagnosticada, a pessoa era banida e declarada impura. O leproso tinha de usar roupas rasgadas e aonde quer que fosse era obrigado a gritar pelo caminho: "Impuro! Impuro!".

Para um judeu, a contaminação pelo contato com um leproso não era mais séria que a do contato com um cadáver em decomposição.

Se um leproso metesse a cabeça em uma casa, essa casa ficaria impura até as vigas do teto. Mesmo em espaço aberto, era ilegal cumprimentar um leproso. Era necessário manter a distância de pelo menos 2 metros. Se o vento soprasse na direção do leproso para a de uma pessoa saudável, o leproso tinha de manter pelo menos 50 metros de distância. Além disso, alguns rabinos sentiam tanta repugnância pelos leprosos que não comiam nem mesmo um ovo comprado na rua por onde algum deles tivesse passado.

Por todos esses motivos, a maioria dos estudiosos da Bíblia concorda em que na época não havia outra doença que separasse tanto alguém de seus pares quanto a lepra. E foi justamente diante de um leproso que Jesus parou, ouviu-o, tocou-o e o curou. Vejamos como isso aconteceu:

- *A aproximação do leproso:* "Um leproso, aproximando-se, adorou-o de joelhos e disse: 'Senhor, se quiseres, podes purificar-me!' ".

- *A reação de Jesus à aproximação do leproso:* "Jesus estendeu a mão, tocou nele e disse: 'Quero. Seja purificado!'".

Os evangelistas que registram essa história concordam em que Jesus estendeu a mão e tocou o leproso diante do pedido: "Senhor, se quiseres, podes purificar-me!". A resposta de Jesus foi: "Quero. Seja purificado!". Portanto, ao deparar com a necessidade do leproso, Jesus respondeu com uma demonstração de misericórdia, compaixão e amor.

Além disso, ao tocar o leproso, Jesus revolucionou a maneira pela qual até então eram tratados os leprosos, porque a referida cura foi um gesto de aceitação e de inclusão na comunidade que os isolara por causa das normas estabelecidas a respeito da doença. Ao purificá-lo, Jesus restaurou a esperança e a dignidade desse homem. Foi exatamente isso que ele fez também àqueles que, por outros motivos, estavam excluídos, como cobradores de impostos e prostitutas, entre outros.

É admirável ainda ver como o leproso se aproximou com confiança, sem ter dúvidas de que Jesus podia purificá-lo, se quisesse. Apesar de nunca um leproso ter se aproximado de um rabino antes, porque sabia que, se o fizesse, seria repelido, esse homem foi até Jesus com a plena confiança de que ele o receberia.

> *Ao deparar com a necessidade do leproso, Jesus respondeu com uma demonstração de misericórdia, compaixão e amor.*

Além da coragem que precisou para se aproximar de Jesus, é notável também sua humildade, pois nem mesmo exigiu a cura, mas simplesmente declarou: "Senhor, se quiseres, podes purificar-me!". Como se dissesse: "Sei que ninguém se preocupa comigo, que outras pessoas teriam fugido de mim e não gostariam de me ver por perto. Sei que não tenho direitos sobre ti. Sei que tens muitos seguidores, e nenhum deles na minha condição física. Sei que por causa da lepra sou considerado impuro. Apesar de tudo isso, aproximei-me de ti porque talvez, por tua misericórdia divina, possas aplicar teu poder a mim, para que eu seja curado". Como já observamos, a resposta amorosa de Jesus foi: *"Quero. Seja purificado!"*. Porque para Jesus só havia uma lei, a lei do amor, e seu desejo de mostrar amor sempre esteve acima de todas as leis e regulamentos humanos. Por isso, ninguém deve se sentir tão impuro a ponto de não se aproximar de Jesus, seja qual for a "lepra" que o esteja consumindo ou a situação pela qual esteja passando.

Jesus mostrou que o que mais importa é o ser humano

Nesse ponto, observamos como em um quadro semelhante ao anterior Jesus demonstrou mais uma vez um alto nível de amor, cuidado e compreensão para com o ser humano.

> Poucos dias depois, tendo Jesus entrado novamente em Cafarnaum, o povo ouviu falar que ele estava em casa. Então muita gente se reuniu ali, de forma que não havia lugar nem junto à porta; e ele lhes pregava a palavra. Vieram alguns homens, trazendo-lhe um paralítico, carregado por quatro deles. Não podendo levá-lo até Jesus, por causa da multidão, removeram parte da cobertura do lugar onde Jesus estava e, pela abertura no teto, baixaram a maca em que estava deitado o paralítico. Vendo a fé que eles tinham, Jesus disse ao paralítico: "Filho, os seus pecados estão perdoados".
> (Marcos 2.1-5)

Jesus nasceu em Belém, foi criado em Nazaré, mas fixou residência em Cafarnaum. Ainda que, pela atividade ministerial que desenvolveu, saibamos que ele passou pouco tempo nesse local, no texto que acabamos de citar fica evidente que ele visitava a cidade com certa frequência, embora por curtos períodos de tempo. O texto fala de Jesus entrando na casa dele, não na de outra pessoa, quando diz: "Tendo Jesus entrado novamente em Cafarnaum, o povo ouviu falar que ele estava em casa". Caso contrário, isso teria sido informado, como nas ocasiões em que ele esteve na casa de Zaqueu e na casa do fariseu Simão (v. Lucas 19.5; 7.36).

Pela expressão "poucos dias depois", podemos deduzir que Jesus voltou para casa a fim de descansar um pouco, por causa da intensa atividade ministerial que certamente deve ter exercido naqueles dias. No entanto, em vez de desfrutar um período de descanso, o povo, ao saber que ele estava em casa, correu para vê-lo. Tanto que não havia mais como entrar pela porta da casa. Mesmo assim, em vez de se mostrar contrariado com eles por terem invadido seu espaço, por interromperem seu descanso ou por não terem avisado com antecedência, "ele *lhes pregava a palavra*".

> Vieram alguns homens, trazendo-lhe um paralítico, carregado por quatro deles. Não podendo levá-lo até Jesus, por causa da multidão, removeram parte da cobertura do lugar onde Jesus estava e, pela abertura no teto, baixaram a maca em que estava deitado o paralítico. Vendo a fé que eles tinham, Jesus disse ao paralítico: "Filho, os seus pecados estão perdoados". (v. 3-5)

Essa parte do texto é muito interessante. Além do fato de Jesus ter acabado de chegar e de uma multidão, sem aviso prévio, ter enchido a casa, agora quatro homens chegavam carregando um paralítico; não encontrando um meio de entrar, por causa da superlotação do local, resolveram subir no teto da casa e quebrar o telhado de modo que fosse possível que o amigo paralítico fosse visto por Jesus e curado por ele.

No entanto, vejamos como Jesus reagiu a isso: "Vendo a fé que eles tinham, Jesus disse ao paralítico: 'Filho, os seus pecados estão perdoados' " (v. 5).

A maneira pela qual o texto enfatiza que Jesus percebeu a fé dos amigos do paralítico demonstra que ele não se preocupou nem um pouco com o telhado destruído da casa onde vivia. Em vez disso, enalteceu a fé que haviam tido nesse ato.

Aqui convido o leitor a pensar um pouco. Qual seria a sua reação se, depois de um trabalho árduo, você chegasse ao espaço destinado à sua quietude e descanso e deparasse com uma multidão que viera sem avisar? O que você diria a eles? Honestamente, talvez a reação de muitos de nós não chegaria nem perto da forma serena com a qual Jesus se portou. Mas vou lhe dar o benefício da dúvida e pensar que você, por ter o Senhor no coração, apesar de surpreso, cansado e invadido, ficaria muito feliz em receber todas essas pessoas.

Mesmo assim, é bem provável que o cenário mudasse, se, por falta de espaço para entrar em sua casa, devido ao grande número de pessoas que a ocupam, um grupo de homens, além dos que já estão lá dentro, subisse no telhado e começasse a golpear o teto até ele ceder e se espatifar.

Pense nisso por um momento e pergunte-se como se sentiria a respeito.

Jesus não se distraiu com o telhado quebrado de sua casa, mas atentou para quem o havia quebrado. Admirou-os pela fé e pela audácia em despedaçar o teto para ajudar o amigo paralítico a entrar na casa, apesar do número de pessoas que a ocupavam. Fica evidente que para Jesus o mais importante sempre foi o ser humano, e ele espera que pensemos da mesma forma quanto ao que verdadeiramente importa.

> *Jesus não se distraiu com o telhado destruído de sua casa, mas atentou para quem o havia quebrado.*

Por isso, no final de seu ministério terreno, ele falou a seu discípulo Pedro, dizendo que, se este o amasse de verdade, demonstraria isso alimentando seus cordeiros e pastoreando suas ovelhas.

Depois de comerem, Jesus perguntou a Simão Pedro: "Simão, filho de João, você me ama mais do que estes?" Disse ele: "Sim, Senhor, tu sabes que te amo". Disse Jesus: *"Cuide dos meus cordeiros"*. Novamente Jesus disse: "Simão, filho de João, você me ama?" Ele respondeu: "Sim, Senhor, tu sabes que te amo". Disse Jesus: *"Pastoreie as minhas ovelhas"*. Pela terceira vez, ele lhe disse: "Simão, filho de João, você me ama?" Pedro ficou magoado por Jesus lhe ter perguntado pela terceira vez "Você me ama?" e lhe disse: "Senhor, tu sabes todas as coisas e sabes que te amo". Disse-lhe Jesus: "*Cuide das minhas ovelhas*". (João 21.15-17)

Não foi por acaso que Jesus perguntou três vezes a Pedro se este o amava, pois, de acordo com alguns dos pais da igreja, a tríplice confirmação de Pedro foi uma forma de apagar as três vezes em que ele havia negado o Senhor, quando declarou: "Não conheço esse homem!" (Mateus 26.72).

Em contrapartida, essa tripla repetição era também a forma solene de o judeu confirmar que estava se comprometendo com uma missão importante.

Mas qual era a implicação da exigência que Jesus fazia a Pedro para que, por meio dela, o discípulo pudesse mostrar quanto o amava? Para melhor compreensão, procuramos o significado no grego original dos termos "cuidar" e "pastorear" e descobrimos que "cuidar" significa "alimentar", e "pastorear" quer dizer "mostrar o caminho", "ensinar", "conduzir outros com amor". Por isso, quando o Senhor pediu a Pedro que mostrasse quanto o amava cuidando de suas ovelhas e pastoreando-as, no fundo estava pedindo: "Pedro, se você realmente me ama do jeito que diz, quero que demonstre isso alimentando, mostrando o caminho, ensinando e guiando minhas ovelhas com amor".

Ninguém pode dizer que ama verdadeiramente Jesus se não fizer tudo que puder para amar e cuidar de suas ovelhas, que são todos aqueles que ele permitiu estar ao nosso redor.

Por fim, para encerrar este capítulo, raciocinemos: se a forma que o Senhor estabeleceu para que demonstremos o amor que temos por ele é o cuidado com suas ovelhas, qual é o grau de intensidade do amor que você de fato sente por Jesus?

> *Cuidem* que ninguém *se exclua da graça de Deus.*
> (Hebreus 12.15)

PONTOS PARA TER EM MENTE

1. Ao purificar o leproso, Jesus restaurou a esperança e a dignidade desse homem. Foi exatamente isso que ele fez também àqueles que, por outros motivos, estavam excluídos, como cobradores de impostos e prostitutas, entre outros.

2. A maneira pela qual o texto enfatiza que Jesus percebeu a fé dos amigos do paralítico demonstra que ele não se preocupou nem um pouco com o telhado destruído da casa onde vivia. Em vez disso, enalteceu a fé que haviam tido nesse ato.

3. Para Jesus, o mais importante sempre foi o ser humano, e ele espera que pensemos da mesma forma quanto ao que verdadeiramente importa.

4. Ninguém pode dizer que ama verdadeiramente Jesus se não fizer tudo que puder para amar e cuidar de suas ovelhas.

5. Se a forma que o Senhor estabeleceu para que demonstremos o amor que temos por ele é o cuidado com suas ovelhas, qual é o grau de intensidade do amor que você de fato sente por Jesus?

Capítulo 11
COMO ELE TRABALHAVA

*"Meu Pai continua trabalhando até hoje,
e eu também estou trabalhando."*
João 5.17

COMO ELE TRABALHAVA

$\mathcal{D}$e acordo com os princípios estabelecidos na Palavra de Deus, podemos perceber que desde o início dos tempos o trabalho é tão importante no céu quanto na terra. Deus trabalhou para criar os céus e a terra; fez que os mares se reunissem em um só lugar e que a terra seca aparecesse; fez que a grama, as ervas e as árvores crescessem sobre a terra; formou o sol, a lua e as estrelas; criou todos os seres vivos, marinhos e terrestres; por fim, colocou Adão e Eva na terra, para cuidarem dela e exercerem domínio sobre todos os seres vivos (cf. Gênesis 1.1-28).

Com base nisso, consideremos por que Jesus, representação viva do desejo de Deus manifesto na terra, ao ser questionado por seu trabalho contínuo, mesmo no sábado (dia designado para o descanso do povo) responde da seguinte forma: *"Meu Pai continua trabalhando até hoje, e eu também estou trabalhando"* (João 5.17).

A esse respeito, convém notar que Jesus não tentou em nenhum momento agradar aos que condenavam o trabalho no sábado. Em vez disso, corajosamente argumentou que seu Pai trabalhava no sábado e que, portanto, o Filho Jesus fazia o mesmo.

"Deus nunca para de trabalhar porque, assim como a propriedade do fogo é queimar e a do gelo é resfriar, a propriedade de Deus é trabalhar." (Fílon)

Note-se, porém, que para alguns parece estranho que o Deus da Bíblia trabalhe, uma vez que no mundo antigo trabalhar não era necessariamente algo honroso. Na verdade, pensava-se que o trabalho era para escravos, servos e estrangeiros, não para homens livres. Por isso, trabalho e grandeza raramente eram citados juntos, e nada podia estar mais distante da mente de muitos naquele tempo que a ideia de um Deus trabalhador.

Por isso, a afirmação de que Deus trabalha era revolucionária, porque, embora ele sem dúvida tenha descansado desde a criação, nunca deixou de preservar e governar o que criou. Nesse aspecto, não pode haver sábado, pois nada pode continuar a existir ou atender ao propósito proposto pela bondade e pela sabedoria divinas sem a energia contínua do Criador. Em alusão

Nada pode continuar a existir ou atender ao propósito proposto pela bondade e pela sabedoria divinas sem a energia contínua do Criador.

a isso, o salmista assim se expressa: "[...] o protetor de Israel *não dormirá* [...]. O Senhor é o seu protetor; como sombra que o protege" (Salmos 121.4,5).

Portanto, o descanso de Deus no sétimo dia, mencionado na Bíblia, foi instituído para benefício do homem, não de Deus; desse modo, estabeleceu-se um padrão de descanso necessário para o bem-estar do ser humano.

Contudo, como já dissemos, Jesus veio à terra para mostrar a imagem de Deus. Por isso, mais tarde deixa isso claro nestas palavras: "Enquanto é dia, precisamos realizar a obra daquele que me enviou. [...] Enquanto estou no mundo, sou a luz do mundo" (João 9.4,5).

Orientado por quais princípios Jesus trabalhou tão incessantemente? Nos quatro evangelhos, podemos perceber a firmeza, a coragem e a bravura com as quais Jesus se portou em todas as ocasiões e em todos os aspectos de sua vida, incluindo o trabalho que realizava. Esclarecida a base de valores e princípios pelos quais Jesus se pautou, que são vários, destacaremos quatro deles:

1. Jesus sabia para quem trabalhava

> Disse Jesus: "A minha comida é fazer a vontade daquele que me enviou e *concluir a sua obra*". (João 4.34)

"Por que vocês estavam me procurando? Não sabiam que eu devia estar *na casa de meu Pai?*" (Lucas 2.49).

2. Jesus se preparou para cumprir sua tarefa

Jesus foi *levado pelo Espírito ao deserto*, para ser tentado pelo Diabo. (Mateus 4.1).

Tendo terminado todas essas tentações, o Diabo o deixou até ocasião oportuna. Jesus voltou para a Galileia no poder do Espírito, e por toda aquela região se espalhou a sua fama. *Ensinava nas sinagogas*, e todos o elogiavam. (Lucas 4.13-15)

3. Jesus sabia aproveitar as oportunidades

Ao se aproximar da porta da cidade, estava saindo o enterro do filho único de uma viúva; e uma grande multidão da cidade estava com ela. Ao vê-la, o Senhor se compadeceu dela e disse: "Não chore". *Depois, aproximou-se e tocou no caixão, e os que o carregavam pararam. Jesus disse: "Jovem, eu digo, levante-se!"* O jovem sentou-se e começou a conversar, e Jesus o entregou à sua mãe. (Lucas 7.12-15)

Quando Jesus saiu do barco e *viu uma grande multidão*, teve compaixão deles, porque eram como ovelhas sem pastor. Então *começou a ensinar-lhes muitas coisas*. (Marcos 6.34)

4. Jesus estava ciente de sua missão

Aqui convém relembrar o que já dissemos no capítulo anterior. Jesus nasceu em Belém (cf. Mateus 2.1), cresceu em Nazaré com seus pais (cf. Lucas 4.16) e, conforme profetizado em Isaías 9, ele deixou Nazaré e foi morar em Cafarnaum, situada junto ao mar, na região de Zebulom e Naftali. Embora não muitos ali se arrependessem, era o lugar onde, de acordo com o programa do céu, ele deveria residir:

> Saindo de Nazaré, foi viver em Cafarnaum, que ficava junto ao mar, na região de Zebulom e Naftali, *para cumprir o que fora dito pelo profeta Isaías*: "Terra de Zebulom e terra de Naftali, caminho do mar, além do Jordão, Galileia dos gentios; o povo que vivia nas trevas viu uma grande luz; sobre os que viviam na terra da sombra da morte raiou uma luz". Daí em diante Jesus começou a pregar: "Arrependam-se, pois o Reino dos céus está próximo" (Mateus 4.13-17).

> "E você, Cafarnaum, será elevada até ao céu? Não, você descerá até o Hades! *Se os milagres que em você foram realizados tivessem sido realizados em Sodoma*, ela teria permanecido até hoje. Mas eu afirmo que no dia do juízo haverá menor rigor para Sodoma do que para você" (Mateus 11.23,24).

Algo importante e que não devemos ignorar nessa passagem é que, apesar de muitos não terem se mostrado sensíveis, Jesus não deixou de fazer os milagres que tinha de realizar na cidade. Ele trabalhava para o Pai e não iria permitir que a insensibilidade dos moradores de Cafarnaum o afetasse.

O fato de Jesus trabalhar continuamente para cumprir a missão que o Pai lhe confiara revela o modo de conduta pelo qual cada um de nós também deve ser guiado, pois aquele que Jesus tem como Pai é também o nosso Pai. Ele esperava uma vida frutífera de Jesus e tem a mesma expectativa com relação a cada um de seus filhos, como afirma o próprio Mestre: "Meu Pai é glorificado pelo fato de vocês *darem muito fruto*; e assim serão meus discípulos" (João 15.8).

Portanto, a razão de ser de todo cristão deve ser viver para dar frutos. No entanto, que caminho Deus estabeleceu para que sejamos frutíferos? Antes disso, é preciso esclarecer o que não é frutificar.

Ser frutífero não é necessariamente estar ocupado, não se resume a ter determinado emprego, negócio ou posição. Ser frutífero não é se tornar conhecido ou ser reconhecido por causa da função que se exerce.

Ser frutífero é estar ciente da missão que Deus lhe confiou e trabalhar continuamente para cumpri-la, como fez Jesus Cristo.

Mas como fazer isso? A resposta a essa pergunta é encontrada em um texto de João:

> "Eu sou a videira verdadeira, e meu Pai é o agricultor. Todo ramo que, estando em mim, não dá fruto, ele corta; e todo que dá fruto ele poda, para que dê mais fruto ainda. [...] Permaneçam em mim, e eu permanecerei em vocês. Nenhum ramo pode dar fruto por si mesmo se não permanecer na videira. Vocês também não podem dar fruto se não permanecerem em mim. Eu sou a videira; vocês são os ramos. Se alguém permanecer em mim e eu nele, esse dará muito fruto; pois sem mim vocês não podem fazer coisa alguma. [...] Meu Pai é glorificado pelo fato de vocês darem muito fruto; e assim serão meus discípulos" (João 15.1,2,4,5,8).

Nesse diálogo entre Jesus e seus discípulos, ele primeiramente tratou de se identificar: "Eu sou a videira verdadeira". A videira é a planta que produz uvas. Assim, com essa declaração, Jesus estava dizendo aos discípulos: "Eu sou a planta que dá uvas". Então, acrescenta: "Meu Pai é o agricultor", aquele que tem a função de cuidar, manter e podar a videira. E "todo ramo que, estando em mim, não dá fruto, ele corta".

Portanto, se a videira é a planta, o que são os ramos? Os ramos são as extensões que produzem o fruto, mas, para que produzam o fruto para o qual foram criados, os ramos precisam estar ligados à videira.

No versículo 2, lemos: "Todo ramo que, estando em mim, não dá fruto, ele corta; e todo que dá fruto ele poda, para que dê mais fruto ainda".

Algo bem interessante é revelado nessa passagem: o fato de o ramo ser totalmente responsabilizado pela produtividade ou pela falta dela. Mas por que o ramo assume toda a responsabilidade na produção do fruto? Porque a videira representa Jesus, e os ramos saem dele. Por ser a "videira verdadeira", ele está encarregado de fazer que seus ramos sejam absolutamente capazes de produzir frutos e, se não o fazem, não é porque não podem, mas porque não querem.

Por isso, o ramo que não dá fruto é cortado pelo Pai, e o que dá fruto é podado por ele para que dê mais fruto ainda.

Assim, em uma paráfrase simples das palavras Jesus, obtemos o seguinte: "Quem está em mim pode dar fruto. Independentemente da guerra ou da oposição que enfrenta, de suas aparentes limitações ou das dificuldades do lugar em que você se encontra, se estiver em mim, com certeza, é capaz de produzir frutos. Se não dá fruto, não é porque não pode: é porque não quer. Se você não quer, o Agricultor irá removê-lo. Mas ele purificará o ramo que dá fruto para que a produção aumente.

"Permaneçam em mim, e eu permanecerei em vocês" (v. 4) — Nessa parte do texto, o Senhor estabelece o seguinte: "Eu sempre estarei com vocês, mas certifiquem-se de também estar sempre comigo".

"Nenhum ramo pode dar fruto por si mesmo se não permanecer na videira. Vocês também não podem dar fruto se não permanecerem em mim." A essa altura, Jesus esclarece que o ramo não pode dar fruto sozinho: para dar fruto, deve permanecer ligado à videira.

Ora, como já dissemos, a videira é a planta que produz as uvas, e os ramos são as extensões que dão fruto. No entanto, ao contrário do que ocorre com as outras plantas, se você cortar um ramo da videira, ele não poderá mais dar frutos, não importa onde seja plantado, porque os ramos que dela foram removidos não têm vida em si mesmos: devem permanecer ligados à videira para produzir frutos. É por isso que Jesus diz: "Nenhum ramo pode dar fruto por si mesmo se não permanecer na videira. Vocês também não podem dar fruto se não permanecerem em mim" (v. 4)

Sobre isso, alguns podem pensar: "Mas há muitos que não servem a Deus, por não estarem ligados a ele, mas produzem muita coisa, cumprem metas e realizam seus sonhos". É importante deixar claro que uma coisa é o que muitos se propõem a fazer e conseguem; outra coisa, bem diferente, é o que Deus deseja e espera que eles façam.

Portanto, não importa quantos sejam os triunfos humanos, se não estiverem ligados à videira, o Senhor não os qualifica como frutos verdadeiros. Porque tudo isso, à luz da Palavra e de acordo com o desígnio traçado por Deus para seus filhos, é o que se considera o resultado de estar ocupado, não de ser produtivo. Se o que você conquista na vida com o seu tempo, os seus esforços e recursos só o faz se encaixar nesse sistema vão e fugaz, o céu não o reconhecerá como algo que vale a pena ter sido alcançado.

> *Uma coisa é o que muitos se propõem a fazer e conseguem; outra coisa, bem diferente, é o que Deus deseja e espera que eles façam.*

A última parte da passagem a considerar é esta: "Meu Pai é glorificado pelo fato de vocês darem muito fruto; e assim serão meus discípulos" (v. 8).

Por isso, qualquer um que realmente deseje glorificar a Deus terá como prioridade cumprir os desejos do Pai em vez de viver apenas para perseguir objetivos pessoais que não estejam de acordo com o desejo do Senhor para sua vida.

Agora, finalmente, passaremos a considerar alguns dos principais inimigos da verdadeira produtividade.

Medo e insegurança

"Por fim, veio o que tinha recebido um talento e disse: 'Eu sabia que o senhor é um homem severo, que colhe onde não plantou e junta onde não semeou. Por isso, *tive medo*, saí e escondi o seu talento no chão. Veja, aqui está o que pertence ao senhor'. O senhor respondeu: 'Servo mau e negligente! Você sabia que eu colho onde não plantei e junto onde não semeei? Então você devia ter confiado o meu dinheiro aos banqueiros, para que, quando eu voltasse, o recebesse de volta com juros'." (Mateus 25.24-27)

Preguiça e falta de esforço

Passei pelo campo *do preguiçoso*, pela vinha do homem sem juízo; havia espinheiros por toda parte, o chão estava coberto de ervas daninhas e o muro de pedra estava em ruínas. Observei aquilo e fiquei pensando; olhei e aprendi esta lição: "Vou dormir um pouco", você diz. "Vou cochilar um momento; vou cruzar os braços e descansar mais um pouco", mas a pobreza lhe sobrevirá como um assaltante, e a sua miséria como um homem armado. (Provérbios 24.30-34)

Falta de compromisso e instabilidade

[...] não me importo, nem considero a minha vida de valor algum para mim mesmo, se tão somente puder *terminar a corrida* e completar o ministério que o Senhor Jesus me confiou, de testemunhar do evangelho da graça de Deus. (Atos 20.24)

PONTOS PARA TER EM MENTE

1. "Deus nunca para de trabalhar porque, assim como a propriedade do fogo é queimar e a do gelo é resfriar, a propriedade de Deus é trabalhar."

2. A afirmação de que Deus trabalha era revolucionária, porque, embora ele sem dúvida tenha descansado desde a criação, nunca deixou de preservar e governar o que criou.

3. O fato de Jesus trabalhar continuamente para cumprir a missão que o Pai lhe confiara revela o modo de conduta pelo qual cada um de nós também deve ser guiado.

4. Ser frutífero é estar ciente da missão que Deus lhe confiou e trabalhar continuamente para cumpri--la, como fez Jesus Cristo.

5. Se o que você conquista na vida com o seu tempo, os seus esforços e recursos só o faz se encaixar nesse sistema vão e fugaz, o céu não o reconhecerá como algo que vale a pena ter sido alcançado.

Capítulo 12
A FIRMEZA DE SUA MISSÃO

"[...] *por esta razão nasci e para isto vim ao mundo* [...]."
João 8.37

A FIRMEZA DE SUA MISSÃO

Simplesmente tudo que Deus faz, diz e permite tem um propósito e nunca é sem sentido. Portanto, o fato de enviar seu Filho ao mundo teve um motivo determinante, o qual foi anunciado pelo próprio Jesus em várias ocasiões, em lugares diversos e com palavras diferentes, embora com um significado invariável em cada caso.

A primeira vez que Jesus se pronunciou publicamente sobre sua missão na terra foi em sua cidade natal, Nazaré, pouco depois de jejuar quarenta dias. Ao entrar em uma das sinagogas no sábado, ele se preparou para ler e, quando lhe entregaram o rolo de Isaías, encontrou o lugar onde estava escrito:

> "O Espírito do Senhor está sobre mim, porque ele me ungiu para pregar boas-novas aos pobres. Ele me enviou para proclamar liberdade aos presos e recuperação da vista aos cegos, para libertar os oprimidos e proclamar o ano da graça do Senhor" (Lucas 4.18,19).

Depois disso, observamos que Jesus outra vez faz referência à sua missão:

> O Filho do homem veio buscar e salvar o que estava perdido. (Lucas 19.10)

> Pois desci dos céus, não *para fazer* a minha vontade, mas *para fazer a vontade daquele que me enviou*. (João 6.38)

> "O meu Reino não é deste mundo. Se fosse, os meus servos lutariam para impedir que os judeus me prendessem. Mas agora o meu Reino não é daqui". "Então, você é rei!", disse Pilatos. Jesus respondeu: "Tu dizes que sou rei. De fato, por *esta razão* nasci e para isto vim ao mundo: para testemunhar da verdade. Todos os que são da verdade me ouvem". (João 18.36,37)

Pela leitura dessas passagens, torna-se evidente que Jesus sempre soube qual era a missão para a qual viera ao mundo. É justamente o fato de saber por que viemos à terra que determina o nível de eficácia da vida que levamos. Porque uma coisa é existir; outra, muito diferente, é viver. Como disse o grande mestre e pastor Myles Munroe: "A pior coisa que pode acontecer a alguém não é morrer, mas existir sem saber para que nasceu".

> *Uma coisa é existir; outra, muito diferente, é viver.*

No entanto, convém observar que ninguém será capaz de saber para que nasceu sem uma identidade definida. De acordo com o dicionário, identidade é a "circunstância de ser uma pessoa ou coisa em particular, não outra". Podemos dizer que temos um claro sentido de identidade quando somos capazes de responder às seguintes questões: **"Quem sou eu?", "De onde vim?" e "Para onde vou?"**.

Dito isso, observemos a resposta adequada de Jesus a essas três perguntas. Ele torna evidente que não só tinha uma clara missão a cumprir, mas também uma identidade bem definida, que não se confundia com nenhuma outra.

- **"Quem sou eu?"**

Em sete ocasiões específicas, Jesus deixou claro quem ele é, todas registradas no Evangelho de João, como podemos constatar nas seguintes passagens:

> "*Eu sou* o pão da vida. Aquele que vem a mim nunca terá fome" (João 6.35).

> "*Eu sou* a luz do mundo. Quem me segue, nunca andará em trevas, mas terá a luz da vida" (João 8.12).

> "Digo a verdade: *Eu sou* a porta das ovelhas" (João 10.7).

> "*Eu sou* o bom pastor. O bom pastor dá a sua vida pelas ovelhas" (João 10.11).
>
> "*Eu sou* a ressurreição e a vida. Aquele que crê em mim, ainda que morra, viverá" (João 11.25).
>
> "*Eu sou* o caminho, a verdade e a vida. Ninguém vem ao Pai, a não ser por mim" (João 14.6).
>
> "*Eu sou* a videira verdadeira, e meu Pai é o agricultor" (João 15.1).

- **"De onde vim?"**

A esse respeito, convém observar o seguinte: com a mesma firmeza que Jesus expressou "quem ele era", também deixou claro qual era "sua procedência", toda vez que precisou fazê-lo, como vemos no caso a seguir:

> Respondeu Jesus: "Ainda que eu mesmo testemunhe em meu favor, o meu testemunho é válido, pois sei *de onde vim* e *para onde vou*" (João 8.14).

- **"Para onde vou?"**

Jesus também tinha uma resposta firme e enérgica a essa pergunta, que nunca se negou a dar sempre que lhe foi solicitada, como podemos comprovar: "*Eu vim do Pai* e entrei no mundo; agora *deixo o mundo e volto para o Pai*" (João 16.28).

A importância de ter uma identidade definida

Como já observamos, ter uma identidade definida implica ser capaz de responder a três perguntas: "Quem sou eu?", "De onde vim?" e "Para onde vou?". Como já foi evidenciado, Jesus tinha uma noção clara de sua missão e de sua identidade, o que lhe permitia dar respostas firmes e enérgicas sobre sua essência, sua origem e seu destino. Por que é tão importante entender a nossa identidade? Para responder a essa pergunta, consideremos os seguintes pontos:

A importância de saber quem somos

- Saber quem somos fará que, independentemente da pressão que estejamos sofrendo, nunca duvidemos do que sabemos que somos.

- Saber quem somos nos fará entender por que é preciso passar por determinadas situações.

- Saber quem somos nos fará entender a reação dos outros com relação a nós.

- Quando sabemos quem somos, sabemos também quem não somos.

- Saber quem somos funciona como um antídoto contra o veneno que outros queiram inocular em nós quando afirmarem o que não somos.

- Saber quem somos isenta-nos da pressão de querer ser o que os outros são.

- Saber quem somos nos fará entender o que Deus espera de nós.

A importância de saber de onde viemos

- Saber de onde viemos é entender a Fonte pela qual existimos.

- Saber de onde viemos livra-nos de conjecturas sobre a nossa origem.

- Saber de onde viemos leva-nos a confiar na provisão e no sustento que está à nossa disposição, por meio da Fonte de onde saímos.

- Saber de onde viemos impede-nos de confundir os canais com a verdadeira Fonte da nossa bênção.

- Saber de onde viemos é ter a certeza de que o nosso sustento e a nossa proteção provêm daquele por quem vivemos.

- Saber de onde viemos faz-nos entender que existe uma causa pela qual existimos.

- Saber de onde viemos torna-nos conscientes de como devemos viver para agradar àquele de quem procedemos.

A importância de saber para onde vamos

- Saber para onde vamos faz-nos entender que a vida é um tempo concedido e limitado.

- Saber para onde vamos dá-nos a percepção adequada para estabelecer as prioridades corretas.

- Saber para onde vamos nos leva a evitar caminhos que, embora pareçam bons, simplesmente não o são.

- Saber para onde vamos dá sentido a cada passo que compõe a nossa caminhada.

- Saber para onde vamos ajuda-nos a entender a necessidade de sermos guiados por aquele que se propôs a ajudar-nos a chegar lá.

- Saber para onde vamos nos fará descartar determinadas coisas — ainda que outros optem por possuí-las — que representariam para nós uma pedra de tropeço e que, portanto, não merecem a nossa preocupação, porque a nossa finalidade é ganhar o prêmio que nos espera no final da corrida.

- Saber para onde vamos não nos deixará admitir distrações nem desvios para outro caminho que não seja o que nos foi indicado.

Dito isso, vejamos outra vez o quadro apresentado em uma das várias ocasiões em que a identidade de Jesus foi posta à prova e a forma segundo a qual ele se conduziu.

"O meu Reino não é deste mundo. Se fosse, os meus servos lutariam para impedir que os judeus me prendessem. Mas agora o meu Reino não é daqui". "Então, você é rei!", disse Pilatos. Jesus respondeu: "Tu dizes que sou rei. De fato, por esta razão nasci e *para isto vim ao mundo: para testemunhar da verdade*. Todos os que são da verdade me ouvem". (João 18.36,37)

Nessa passagem, podemos ver que Jesus foi muito claro ao afirmar que seu Reino não era deste mundo. Portanto, ele estava ciente de que seus opositores o atacavam por isso. Por não ser deste mundo, ele não podia ser apoiado, endossado ou mesmo entendido por aqueles que não percebiam a magnitude e a essência de seu reinado.

A pergunta sarcástica de Pilatos a Jesus sobre seu reinado — não evidente aos olhos carnais e não assimilado por alguém cuja condição espiritual não lhe permitia avaliar a magnitude do que estava acontecendo — acaba deixando o governador em evidência simplesmente por questionar algo que ele não entendia. No entanto, a perspectiva de Pilatos não alterou em nada a firme convicção, baseada em uma identidade definida e em um propósito inabalável como o de Jesus. Este encarou a zombaria e o questionamento contidos na exclamação: "Então, você é rei!". Jesus respondeu com firmeza: "Tu dizes que *sou rei*. De fato, por esta razão nasci e para isto vim ao mundo: para testemunhar da verdade".

> *Saber quem somos funciona como um antídoto contra o veneno que outros queiram inocular em nós quando afirmarem o que não somos.*

Por fim, ao afirmar: "Todos os que são da verdade me ouvem", Jesus deixava bem claro que entendia por que alguns, mesmo depois de ouvir sua mensagem, se recusavam a ouvir sua voz. O motivo é que só os que pertencem à verdade são capazes de obedecer aos seus mandamentos e à sua voz. Por isso, ele não se revoltou nem ficou ressentido com os que o rejeitaram; apenas os identificou como aqueles que, por não ouvirem quem falava a verdade e quem era a verdade, não pertenciam à verdade. Ou seja, Jesus sabia que a rejeição demonstrada pelos judeus não era resultado de algo que estivesse errado com ele, e sim do que estava errado com eles.

> Veio para o que era seu, mas os seus não o receberam. Contudo, aos que o receberam, aos que creram em seu nome, deu-lhes o direito de se tornarem filhos de Deus. (João 1.11,12)

PONTOS PARA TER EM MENTE

1. Simplesmente tudo que Deus faz, diz e permite tem um propósito e nunca é sem sentido.

2. Ter uma identidade definida implica ser capaz de responder a três perguntas: "Quem sou eu?", "De onde vim?" e "Para onde vou?".

3. "A pior coisa que pode acontecer a alguém não é morrer, mas existir sem saber para que nasceu."

4. Jesus tinha uma noção clara de sua missão e de sua identidade, o que lhe permitia dar respostas firmes e enérgicas sobre sua essência, sua origem e seu destino.

5. Saber para onde vamos dá-nos a percepção adequada para estabelecer as prioridades corretas.

Capítulo 13

SEU COMPROMISSO COM A MISSÃO

"[...] isso precisa cumprir-se em mim. Sim, o que está escrito a meu respeito está para se cumprir."
Lucas 22.37

SEU COMPROMISSO COM A MISSÃO

> Então Jesus lhes perguntou: "Quando eu os enviei sem bolsa, saco de viagem ou sandálias, faltou alguma coisa?" "Nada", responderam eles. Ele lhes disse: "Mas agora, se vocês têm bolsa, levem-na, e também o saco de viagem; e, se não têm espada, vendam a sua capa e comprem uma. Está escrito: 'E ele foi contado com os transgressores'; e eu digo que isso precisa cumprir-se em mim. *Sim, o que está escrito a meu respeito está para se cumprir*". Os discípulos disseram: "Vê, Senhor, aqui estão duas espadas". "É o suficiente!", respondeu ele. (Lucas 22.35-38)

A maioria dos estudiosos da Palavra concorda em que o capítulo 22 do Evangelho de Lucas é uma das passagens mais intensas da Bíblia, pois vários acontecimentos decisivos para a missão de Cristo são registrados nesse texto. Entre eles, podemos destacar os seguintes: como Satanás entra em Judas; a trama para matar Jesus; a última ceia com os discípulos;

o anúncio da negação de Pedro; a prisão de Jesus. Acrescente-se ainda o episódio relatado na passagem inicial, em que Jesus alerta os discípulos sobre como seriam tratados em sua missão de anunciar o evangelho. Ele também os lembra do cuidado providencial que experimentaram em suas incursões evangelísticas anteriores, quando viajaram sem levar provisões, mas sob os cuidados do Senhor.

"Faltou alguma coisa?", perguntou-lhes Jesus; ao que responderam: "Nada". Mas nessa passagem o Senhor estava alertando os discípulos sobre os tempos que viriam para eles — tempos de sofrimento, escassez, perseguição, rejeição e dor. Também os exortou a se prepararem para lidar com eles.

> *Cristo é o tema central das Sagradas Escrituras.*

Aqui Jesus faz ainda uma declaração proposital e, como em outras circunstâncias, mais uma vez deixa evidente seu alto nível de compromisso com a missão que recebeu do Pai e que estava determinado a cumprir em sua totalidade.

"Está escrito: 'E ele foi contado com os transgressores'; e eu digo que isso precisa cumprir-se em mim. Sim, *o que está escrito a meu respeito está para se cumprir.*" (Lucas 22.37)

Essa mesma passagem é assim traduzida em outra versão: "Digo-lhes que tem de se cumprir em mim o que dizem as Escrituras: Incluíram-no entre os criminosos. Porque tudo o que foi escrito a meu respeito tem de se cumprir" (BLPH).

Convém levar em conta que, quando isso aconteceu, Jesus estava prestes a ser preso, e, embora nesse momento algumas coisas relevantes para o cumprimento cabal de sua missão terrena ainda não tivessem acontecido, muitas outras aconteceram, as quais haviam cumprido ao pé da letra o que fora profetizado a respeito dele.

Dos quatro evangelhos, Mateus é o que melhor demonstra que tudo que havia sido profetizado no Antigo Testamento acerca do Messias prometido foi cumprido na pessoa de Jesus. Na verdade, apenas nesse livro a frase "para que se cumprisse o que o Senhor dissera pelo profeta" aparece nada menos que 16 vezes.

No entanto, como já observamos, a passagem central desse capítulo não se encontra em Mateus, mas em Lucas. A frase "o que está escrito a meu respeito está para se cumprir" é tão admirável que nos inspira a considerar o que havia sido profetizado acerca de Jesus Cristo.

Antes de continuar com outras considerações neste capítulo, é preciso deixar claro que Cristo é o tema central das Sagradas Escrituras. De forma surpreendente, sem se perder nada do que havia sido escrito a respeito dele, tudo teve seu cumprimento cabal, de tal modo que ninguém pode dizer que essas profecias foram escritas depois de cumpridas, pois o Antigo Testamento foi escrito 450 anos antes de o Senhor Jesus Cristo nascer.

Em contrapartida, não se pode dizer que Jesus estava determinado a cumprir tais profecias para validar suas afirmações messiânicas, porque o cumprimento de muitas delas não dependia de algo que ele pudesse fazer para torná-las realidade. Portanto, elas não se cumpririam se ele não fosse o Messias prometido no Antigo Testamento. Dito isso, analisaremos apenas algumas dessas profecias e como foram cumpridas:

- Em Gênesis 3.15, Deus anuncia que o Salvador nasceria de uma mulher, para estabelecer que ele seria um membro da humanidade, não um ser angelical.

- Em Gênesis 22.18, é dito que ele seria um descendente de Abraão, que teve dois filhos.

- Em Gênesis 21.12, é dito que ele seria da descendência de Isaque, que teve dois filhos.

- Em Números 24.17, é dito que ele viria de Jacó, que teve 12 filhos.

- Em Gênesis 49.10 e Miqueias 5.2, é dito que ele viria da tribo de Judá.

- Em Isaías 11.1, está escrito que, de todas as famílias de Judá, Deus escolheu Jessé, que tinha oito filhos. Desses oito filhos, Jeremias 23.5 diz que o Messias seria descendente de Davi, o menor dos filhos de Jessé.

- Em Isaías 7.14, está escrito que ele nasceria de uma jovem virgem.

- Em Daniel 9.24-27 (escrito aproximadamente 533 anos antes de Cristo nascer), o profeta prediz o tempo exato de sua vinda.

- Em Miqueias 5.2, está escrito que ele nasceria em Belém.

- Em Salmos 72.10, é anunciado que, em seu nascimento, homens importantes do Oriente lhe trariam presentes, o que se cumpriu com a visita dos magos.

- Em Jeremias 31.15, é predito que, vinculado a seu nascimento, haveria uma matança de bebês. Isso se cumpriu quando Herodes ordenou a morte de todas as crianças menores de 2 anos que havia em Belém e arredores.

- Em Isaías 40.3 e Malaquias 3.1, é predito que o Messias seria precedido por um mensageiro, profecia que se cumpriu com a ação ministerial de João Batista.

- Em Isaías 9.1, é predito que seu ministério começaria na Galileia.

- Em Isaías 35.5,6, é anunciado que, durante seu ministério, o Messias abriria os olhos dos cegos, daria voz aos mudos, os surdos ouviriam e os paralíticos andariam.

- Em Salmos 78.2, é predito que ele usaria parábolas em seus ensinos.

- Em Zacarias 9.9, é dito que ele entraria em Jerusalém montado em um jumento.

- Em Salmos 118.22, é dito que ele seria rejeitado pelos judeus.

- Em Salmos 41.9, é dito que ele seria traído por um dos seus.

- Em Zacarias 11.12, é dito que ele seria vendido por 30 moedas de prata.

- Em Zacarias 11.13, é dito que esse dinheiro seria lançado na casa do Senhor.

- Em Zacarias 13.7, é dito que ele seria abandonado por todos os seus amigos.

- Em Salmos 35.11, é dito que ele seria acusado por falsas testemunhas.

- Em Isaías 50.6, é dito que ele seria espancado e cuspido.

- Em Salmos 22.7,8, está profetizado que ele seria zombado.

- Em Salmos 22.16, é dito que suas mãos e seus pés seriam furados.

- Em Isaías 53.12, é dito que ele seria morto entre os malfeitores.

- Em Isaías 53.12, é dito que ele intercederia por seus perseguidores.

- Em Salmos 22.18, é dito que os soldados ao pé da cruz repartiriam entre si suas roupas.

- Em Salmos 69.21, é dito que em sua sede eles lhe dariam vinagre para beber.

- Em Salmos 22.1, é dito que ele sofreria o desamparo de Deus na cruz.

- Em Isaías 53.9, é dito que ele seria sepultado no túmulo de um homem rico, que foi José de Arimateia.

Essas são apenas algumas das 90 profecias e das mais de 300 referências messiânicas do Antigo Testamento perfeitamente cumpridas na vida do Senhor. Então, o que Cristo declarou em Lucas 22.37 (*"o que está escrito a meu respeito está para se cumprir"*) sem dúvida aconteceu desde a manjedoura até o túmulo, sem que faltasse um único til dessas profecias.

Na verdade, a profecia alusiva a esse dito específico é encontrada em Isaías 53.12, que diz: "Ele [...] foi *contado* entre os transgressores. Pois ele levou o pecado de muitos e pelos transgressores intercedeu".

A ocasião em que Isaías profetizou esse fato a respeito de Jesus foi a mesma em que detalhou muitos outros sofrimentos que o Messias teve de experimentar em sua determinação de anular o registro de acusações que havia contra nós e que nos era desfavorável (cf. o capítulo completo de Isaías 53).

> *O lugar ocupado por Jesus entre os ímpios estava destinado a ser ocupado por nós.*

Portanto, o lugar ocupado por Jesus entre os ímpios estava destinado a ser ocupado por nós (os injustos), mas Jesus (o Justo) pagou o preço pelos nossos pecados, de modo que, por meio desse pagamento, pudéssemos ter acesso direto a Deus (cf. 1Pedro 3.18).

No entanto, é digno de admiração que, ao oferecer a própria vida para resgatar a nossa, sofrendo as mais atrozes torturas e injustiças, Jesus não se queixou nem expressou amargura, tampouco permitiu que seus discípulos promovessem qualquer tipo de ação em defesa dele, mas com toda a firmeza e com um impressionante nível de compromisso declarou: "Digo-lhes que tem de se cumprir em mim o que dizem as Escrituras: *Incluíram-no entre os criminosos*. Porque *tudo* o que foi escrito a meu respeito *tem de se cumprir*" (BLPH).

Sobre isso, é fundamental entender que, assim como havia um "roteiro" escrito sobre a maneira pela qual Jesus teve de viver para cumprir sua missão, também no que diz respeito ao tipo de vida que o Senhor espera que vivamos foi providenciado um roteiro, como expresso em Salmos 139.16: "Os teus olhos viram o meu embrião; todos os dias determinados para mim foram *escritos no teu livro antes de qualquer deles existir*".

Por fim, uma vez que Jesus estava disposto a sofrer tanto por amor a nós e, se considerarmos seu alto nível de compromisso ao fazê-lo, até que ponto estaríamos dispostos a sofrer por amor a ele?

Que prioridade damos ao cumprimento da vontade de Deus na nossa vida?

Estaríamos dispostos a sacrificar o nosso conforto e interromper a nossa programação para realizar o desejo de Deus para nós?

Até que ponto estaríamos dispostos a sacrificar os nossos interesses em favor dos interesses do Senhor por nós?

O amor que afirmamos sentir por Jesus é suficiente para que dediquemos a nossa vida inteiramente a ele, não importa o que isso possa representar?

"Alguns cristãos jamais pararam para pensar se morreriam ou não por Jesus, porque, na realidade, nem mesmo começaram a viver por ele como deveriam."
(D. C. Talk)

PONTOS PARA TER EM MENTE

1. Cristo é o tema central das Sagradas Escrituras. De forma surpreendente, sem se perder nada do que havia sido escrito a respeito dele, tudo teve seu cumprimento cabal.

2. Apenas no Evangelho de Mateus, a frase "para que se cumprisse o que o Senhor dissera pelo profeta" aparece nada menos que 16 vezes.

3. Assim como havia um "roteiro" escrito sobre a maneira pela qual Jesus teve de viver para cumprir sua missão, também no que diz respeito ao tipo de vida que o Senhor espera que vivamos foi providenciado um roteiro.

4. Uma vez que Jesus estava disposto a sofrer tanto por amor a nós, até que ponto estaríamos dispostos a sofrer por amor a ele?

5. "Alguns cristãos jamais pararam para pensar se morreriam ou não por Jesus, porque, na realidade, nem mesmo começaram a viver por ele como deveriam."

Capítulo 14
SUA DETERMINAÇÃO ANTES DO SOFRIMENTO

Aproximando-se o tempo em que seria elevado aos céus,
Jesus partiu resolutamente em direção a Jerusalém.
Lucas 9.51

SUA DETERMINAÇÃO DIANTE DO SOFRIMENTO

*A*o longo das Sagradas Escrituras, podemos perceber que Deus não se surpreende com nada. Ele conhece, e de fato foi quem determinou, o tempo específico para os acontecimentos, como vemos nas seguintes passagens:

> Então o SENHOR lhe disse [a Abraão]: "Saiba que os seus descendentes serão estrangeiros numa terra que não lhes pertencerá, onde também serão escravizados e oprimidos por *quatrocentos anos*". (Gênesis 15.13)

> Os teus olhos viram o meu embrião; todos *os dias determinados para mim* foram escritos no teu livro antes de qualquer deles existir. (Salmos 139.16)

> [...] *quando chegou a plenitude do tempo*, Deus enviou seu Filho, nascido de mulher, nascido debaixo da Lei. (Gálatas 4.4)

Aproximando-se o tempo em que seria elevado aos céus, Jesus partiu resolutamente em direção a Jerusalém. (Lucas 9.51)

A manifestação de Cristo na terra ocorreu em termos humanos, mas também em termos divinos, pois, apesar de se identificar com os seres humanos tornando-se semelhante aos homens, nele "habita corporalmente toda a plenitude da divindade" (Colossenses 2.9). É por isso que Jesus conhecia em detalhes os sofrimentos que foram divinamente agendados para ele. Em termos divinos, ele os conhecia por sua revelação como Deus e, em termos humanos, pelo seu nível de conexão com o Pai — uma conexão que de forma contínua e infalível o guiou em todos os aspectos de sua vida, como vemos no texto a seguir:

> Jesus lhes deu esta resposta: "Eu digo verdadeiramente que o Filho não pode fazer nada de si mesmo; *só pode fazer o que vê o Pai fazer*, porque o que o Pai faz o Filho também faz" (João 5.19).

Essa passagem registra como Jesus respondeu aos judeus quando eles questionaram o fato de ele curar um paralítico no sábado. Contudo, o ponto que queremos destacar é que Jesus fazia tudo guiado pela conexão que tinha com o Pai. Esta era

> *Jesus conhecia em detalhes os sofrimentos que foram divinamente agendados para ele.*

a realidade com relação à sua agenda ministerial, bem como com relação aos detalhes de sua vida como um todo. Dito isso, consideremos outra vez o que está expresso em Lucas 9.51: *"Aproximando-se o tempo em que seria elevado aos céus, Jesus partiu resolutamente em direção a Jerusalém"*.

Essa ação nos faz lembrar o que destacamos no capítulo anterior quanto ao que Jesus declarou em Lucas 22.37: "O que está escrito a meu respeito está para se cumprir". Porque tal ação é uma resposta ao que fora predito pelo profeta Isaías:

> Porque o Senhor, o Soberano, me ajuda, não serei constrangido. Por *isso eu me opus firme como uma dura rocha* e sei que não ficarei decepcionado. (Isaías 50.7)

Jesus não apenas demonstrou obediência absoluta às instruções do Pai a respeito dos outros, como também a todas as instruções acerca dele mesmo, por mais dolorosas que fossem. Portanto:

- *Aproximando-se o tempo...* Quando chegou a hora de encerrar a agenda divina; quando a terra teve de despedi-lo para que fosse recebido em cima; quando, de acordo com a agenda do céu, ele teve de entregar sua vida.

- *... partiu resolutamente em direção a Jerusalém.* A frase "partiu resolutamente" (ou "virou/

firmou o rosto") refere-se ao fato de que, sem hesitação, Jesus se propôs chegar à cidade e cumprir o que estava para acontecer em Jerusalém. A passagem emprega no original a raiz grega *sumpleroo*, que pode ser traduzida por "abnegar-se, cumprir e chegar".

Depois de firmar o rosto "como uma dura rocha", Jesus decidiu seguir em frente, apesar das circunstâncias difíceis e cruéis que teria de enfrentar para cumprir integralmente a missão que lhe fora confiada pelo Pai. Mas para onde exatamente Jesus estava se dirigindo?

Com tal determinação e coragem, Jesus avançou para o clímax da história redentora, para o necessário objeto da fé salvadora e a única esperança de vida eterna para a humanidade pecadora. Ele ignorou as tentativas dos discípulos de convencê-lo a evitar o lugar onde certamente seria morto. Rejeitou a oportunidade de recusar o cálice amargo que lhe fora dado e assim menosprezou a traição, o abandono, o escárnio, as chicotadas, a coroa de espinhos e os pregos.

> *Jesus decidiu seguir em frente, apesar das circunstâncias difíceis e cruéis que teria de enfrentar.*

É por isso que tanto espaço é dedicado nos quatro evangelhos aos acontecimentos ocorridos nos últimos dias da vida de Cristo, conhecidos como Semana da Paixão.

- O evangelista Mateus dedica a eles um quarto de seu evangelho.
- O evangelista Marcos dedica-lhes um terço.
- O evangelista Lucas dedica-lhes um quinto.
- O apóstolo João dedica-lhes a metade de seu evangelho.

Analisemos agora por um momento o que acontece com Jesus quando ele chega a Jerusalém. Convém lembrar que exatamente naqueles dias seria celebrada a festa da Páscoa, e, para celebrá-la com os discípulos, Jesus havia reservado um local, onde lhes disse que seria a última ceia que faria com eles até o dia em que voltaria a provar o fruto da videira com eles no Reino do Pai (cf. Mateus 26.29).

Nessa última ceia, Jesus anunciou três acontecimentos que teriam lugar naquela mesma noite:

- *A traição de Judas.* "Enquanto estavam comendo, ele disse: 'Digo que certamente *um de vocês me trairá*' " (Mateus 26.21).
- *O abandono pelos discípulos.* "Ainda esta noite todos vocês me abandonarão. *Pois está escrito:*

'Ferirei o pastor, e as ovelhas do rebanho serão dispersas' " (Mateus 26.31).

- *A negação de Pedro*. "Pedro respondeu: 'Ainda que todos te abandonem, eu nunca te abandonarei!' Respondeu Jesus: 'Asseguro que ainda esta noite, antes que o galo cante, três vezes você me negará' " (Mateus 26.33,34).

Jesus ora e é preso no Getsêmani

Como de costume, Jesus foi para o monte das Oliveiras, e os seus discípulos o seguiram. Chegando ao lugar, ele lhes disse: "Orem para que vocês não caiam em tentação". Ele se afastou deles a uma pequena distância, ajoelhou-se e começou a orar: "Pai, se queres, afasta de mim este cálice; contudo, não seja feita a minha vontade, mas a tua". Apareceu-lhe então um anjo do céu que o fortalecia. Estando angustiado, ele orou ainda mais intensamente; e o seu suor era como gotas de sangue que caíam no chão. (Lucas 22.39-44)

O texto paralelo de Mateus 26.36-39 relata:

Então Jesus foi com seus discípulos para um lugar chamado Getsêmani e lhes disse: "Sentem-se aqui enquanto vou ali orar". Levando consigo Pedro e os dois filhos de Zebedeu, começou a entristecer-se e a angustiar-se. Disse-lhes então: "A minha alma está profundamente triste, numa tristeza mortal. Fiquem aqui e vigiem comigo". Indo um pouco mais adiante, prostrou-se com o rosto em terra e orou: "Meu Pai, se for possível, afasta de mim este cálice; contudo, não seja como eu quero, mas sim como tu queres".

Para entender melhor esse momento tão importante da vida de Jesus, veremos em detalhes alguns pontos implícitos no episódio:

"Então Jesus foi com seus discípulos para um lugar chamado Getsêmani"

O Getsêmani está localizado a leste do templo, em Jerusalém, mais exatamente próximo do riacho de Cedrom, nas encostas do monte das Oliveiras.

O termo "Getsêmani" significa "prensa de azeite", e era ali onde se esmagavam as azeitonas para fornecer azeite a toda a comunidade. De modo semelhante, o Filho de Deus seria "prensado" nesse lugar, a fim de cumprir o propósito para o qual viera ao mundo.

De acordo com o relato bíblico, Jesus escolheu esse jardim em Jerusalém, não outro, porque Judas conhecia o lugar (cf. João 18.2), e a intenção de Jesus era retirar-se para orar, não se esconder para evitar o que estava para acontecer. De fato, ao se referir à traição de

Judas, o apóstolo João relata: "Tão logo Judas comeu o pão, Satanás entrou nele. '*O que você está para fazer, faça depressa*', disse-lhe Jesus" (João 13.27).

Dito isso, vejamos em detalhes o que Jesus disse no texto de Mateus, que escolhemos para o desenvolvimento deste capítulo:

"A minha alma está profundamente triste, numa tristeza mortal"

Na tradução original, essas palavras expressam o mais elevado nível de dor que um ser humano é capaz de imaginar. Isso mostra que ter a firme determinação de obedecer a Deus, como Cristo fez, não significa que não iremos enfrentar profundos sentimentos de pressão, solidão, angústia e tristeza.

Jesus estava angustiado com o terrível sofrimento que o aguardava, mas a tristeza que dominava seu coração se devia, mais que à própria morte na cruz, ao peso que sentia por ocupar o lugar dos pecadores, merecedores de juízo. Por causa disso, teria de vivenciar um momento em que seria abandonado pelo Pai, como parte do terrível castigo espiritual que teríamos de enfrentar. No entanto, por causa de seu infinito amor e de sua indescritível misericórdia, ele se dispôs a sofrer por nós. Tal como o apóstolo Paulo expressa: "Deus tornou pecado por nós aquele que não tinha pecado, para que nele nos tornássemos justiça de Deus" (2Coríntios 5.21).

"[...] se for possível, afasta de mim este cálice"

A razão pela qual não foi possível ao Pai afastar de seu Filho o cálice que lhe dera para beber era o fato de ser impossível que a salvação da humanidade ocorresse de outra forma. Se houvesse outra maneira de o ser humano ser justificado diante de Deus, a morte de Jesus teria sido desnecessária.

Mas o que significa o *cálice*? Em termos bíblicos, o cálice representa o destino e uma imagem contundente da ira e do juízo divinos, conforme descrito nesta passagem: "Na mão do Senhor está um cálice cheio de vinho espumante e misturado; ele o derrama, e todos os ímpios da terra o bebem até a última gota" (Salmos 75.8).

> *Jesus foi julgado e sentenciado a beber o cálice da ira do Pai para que não tivéssemos de tomá-lo.*

Jesus foi julgado e sentenciado a beber o cálice da ira do Pai para que não tivéssemos de tomá-lo. Aqui convém ter em conta que essa luta teve um lugar importante no cumprimento do plano de redenção de Deus, pois, se Jesus tivesse falhado ali, teria também falhado na cruz. Portanto, sua vitória no jardim foi a plataforma para o triunfo que ele obteve com sua morte na cruz.

Por que Jesus teve de morrer na cruz e durante a Páscoa?

A morte de cruz, sofrida pelo nosso Senhor Jesus Cristo, não foi acidental em nenhum sentido. Deus estava por trás de cada evento controlando cada detalhe, de modo que tudo acontecesse da maneira precisa e no momento exato, de acordo com o que ele havia planejado. Ou seja, o Pai não só determinou que Cristo morreria, mas também como deveria morrer.

Em sua soberania, Deus conduziu os acontecimentos para que Cristo morresse na cruz do Calvário como um sacrifício substituto pelos pecadores que veio salvar. É por isso que os evangelhos sinópticos — Mateus, Marcos e Lucas — conectam a morte de Cristo à festa da Páscoa. Embora já tenhamos mencionado essa festa em um capítulo anterior, iremos agora descrevê-la com mais detalhes.

A festa da Páscoa era celebrada em meados do mês de nisã, que no nosso calendário corresponde ao período entre os meses de março e abril.

Nessa ocasião, por ordem de Deus, os israelitas sacrificavam um cordeiro na tarde do dia 14, que deveria ser comido em família à noite. No entanto, como os judeus contam os dias de um pôr do sol a outro, o cordeiro pascal sacrificado no dia 14 da tarde era consumido no dia 15. Imediatamente depois, começava a festa dos pães sem fermento, na qual os judeus rememoravam por duas semanas consecutivas a saída da escravidão vivida na terra do Egito — ou seja, o êxodo da opressão por parte dos egípcios.

As duas festas eram tão intimamente relacionadas que eram com frequência chamadas simplesmente "festa da Páscoa".

Qual era o significado da festa da Páscoa?

Durante a Páscoa, os israelitas rememoravam a maneira milagrosa como Deus os libertou, ao enviar Moisés ao faraó para dizer-lhe: "Deixe o meu povo ir". O faraó, porém, recusou-se a fazê-lo. Então, Deus enviou dez pragas sobre a nação do Egito, das quais a última foi a mais terrível, pois consistiu na morte de todos os primogênitos que habitavam aquela terra. Hoje talvez seja incompreensível para muitos que Deus execute um juízo tão terrível, mas a Bíblia afirma que o salário do pecado é a morte (cf. Romanos 6.23).

Portanto, todos nós, todos os dias, merecemos morrer por causa dos nossos pecados. O fato de ainda estarmos vivos, apesar de pecarmos, deve-se apenas ao grande amor e à infinita misericórdia do nosso Senhor Jesus Cristo.

Assim, mais cedo ou mais tarde, o juízo virá sobre os pecadores, como naquela noite do dia 15 de nisã veio sobre a nação do Egito. Nesse dia, em todas as casas do país havia um morto por causa da manifestação da justa ira de Deus.

A esse respeito, convém observar que não apenas as casas dos egípcios estavam sob ameaça de morte, mas também as casas dos judeus, pois, como dizem alguns comentaristas, Deus não iria poupar os judeus só porque são judeus. No entanto, em meio ao castigo, o Senhor manifestou sua misericórdia ao providenciar uma via de escape, que consistia em sacrificar um cordeiro e pintar as vigas e as laterais das portas com o sangue do animal, como indicação de que depositavam sua fé nesse meio oferecido por Deus para que fossem salvos naquele momento terrível. Por isso, naquela noite, em todas as casas do Egito havia um filho morto ou um cordeiro morto. Não havia alternativa. Porque Deus decidira lançar sua justa ira sobre toda a nação naquela noite.

No dia seguinte, os que se recusaram a ouvir a voz de Deus lamentaram a morte de um filho, mas os que obedeceram e aceitaram a proteção oferecida por ele viram o anjo da morte passar longe de suas casas. Por isso, essa festa é chamada Páscoa, que significa "passar por cima", pois na ocasião a ira de Deus "passou sem deter-se" sobre todas as casas dos que se refugiaram pela fé no sacrifício substituto que apontava para o Cordeiro que Deus haveria de prover centenas de anos depois, na pessoa do nosso bendito, glorioso, exaltado e maravilhoso Senhor Jesus Cristo.

Por esse motivo, a cruz não foi o plano B de Deus depois que os judeus decidiram rejeitar seu Messias: sempre foi a única alternativa viável para salvar os pecadores culpados sem omitir a justiça de Deus. Embora pareça incompreensível para nós, a cruz e todos os que seriam salvos por ela estavam na mente de Deus desde a eternidade. É por isso que Apocalipse 13.8 descreve os ímpios como aqueles cujos nomes não constam "no livro da vida do *Cordeiro que foi morto desde a criação do mundo*". O apóstolo Pedro faz referência a esse fato:

> Pois vocês sabem que não foi por meio de coisas perecíveis como prata ou ouro que vocês foram redimidos da sua maneira vazia de viver, transmitida por seus antepassados, mas pelo precioso sangue de *Cristo, como de um cordeiro sem mancha e sem defeito, conhecido antes da criação do mundo*, revelado nestes últimos tempos em favor de vocês. Por meio dele vocês creem em Deus, que o ressuscitou dentre os mortos e o glorificou, de modo que a fé e a esperança de vocês estão em Deu. (1Pedro 1.18-21)

Essas passagens comprovam que, antes da criação, Deus já havia determinado que o único meio de salvação seria providenciado por meio da morte substitutiva da segunda pessoa da Trindade, o Deus Filho, e nunca houve alternativa senão essa. Por esse motivo, Cristo teve de morrer na cruz. Ele não se afogou, não foi enforcado nem apedrejado, mas foi morto em uma cruz.

Em Deuteronômio 21.23, temos mais um elemento importante a considerar: "Qualquer que for pendurado num madeiro está debaixo da maldição de Deus". Portanto, por meio de sua morte, Cristo assumiu a nossa maldição na cruz para que pudéssemos ser participantes de sua bênção por meio da fé.

> Deus *tornou pecado por nós* aquele que não tinha pecado, para que nele nos tornássemos justiça de Deus. (2Coríntios 5.21)

> Cristo nos redimiu da maldição da Lei quando *se tornou maldição em nosso lugar*, pois está escrito: "Maldito todo aquele que for pendurado num madeiro". (Gálatas 3.13)

A maneira pela qual o apóstolo Paulo aplica o texto de Deuteronômio sobre a morte na cruz torna ainda mais compreensível o motivo de ter sido esta exatamente a morte que Jesus teve de sofrer. Glória a Deus por isso!

Portanto, em sua soberania, Deus orquestrou todas as coisas para que Cristo morresse da forma que morreu. De fato, quando faltavam apenas dois dias para que ele experimentasse os terríveis sofrimentos a que seria exposto, o Senhor revelou aos discípulos que seria entregue para ser crucificado (cf. Mateus 26.2). Mesmo tendo de passar por isso, Jesus não falou dos males que seus inimigos lhe queriam causar, mas do *cálice que o Pai lhe deu para beber*. De acordo com a missão que Deus Pai lhe confiou, todas essas coisas tinham de acontecer.

> Jesus, porém, ordenou a Pedro: "Guarde a espada! Acaso não haverei de beber *o cálice que o Pai me deu?*". (João 18.11)

Leiamos de novo a passagem, agora em outra versão: "Imediatamente, Jesus disse a Pedro: Guarde a espada. *Se o meu Pai ordenou que eu sofresse*, acha que não estou disposto a sofrer?" (TLA).

Bendito e adorado para sempre seja o Senhor, por estar disposto a obedecer e sofrer até o fim para esmagar a desobediência em que os seres humanos haviam incorrido!

PONTOS PARA TER EM MENTE

1. Jesus não apenas demonstrou obediência absoluta às instruções do Pai a respeito dos outros, como também a todas as instruções acerca dele mesmo, por mais dolorosas que fossem.

2. Ter a firme determinação de obedecer a Deus, como Cristo fez, não significa que não iremos enfrentar profundos sentimentos de pressão, solidão, angústia e tristeza.

3. Em sua soberania, Deus conduziu os acontecimentos para que Cristo morresse na cruz do Calvário como um sacrifício substituto pelos pecadores que veio salvar.

4. Todos nós, todos os dias, merecemos morrer por causa dos nossos pecados. O fato de ainda estarmos vivos, apesar de pecarmos, deve-se apenas ao grande amor e à infinita misericórdia do nosso Senhor Jesus Cristo.

5. Cristo nos redimiu da maldição da Lei quando se tornou maldição em nosso lugar, pois está escrito: "Maldito todo aquele que for pendurado num madeiro" (Gálatas 3.13).

Capítulo 15

SUA POSTURA DIANTE DA GUERRA

"Você acha que eu não posso pedir a meu Pai, e ele não colocaria imediatamente à minha disposição mais de doze legiões de anjos?"
Mateus 26.53

"Mas esta é a hora de vocês — quando as trevas reinam."
Lucas 22.53

SUA POSTURA DIANTE DA GUERRA

Simão Pedro, que trazia uma espada, tirou-a e feriu o servo do sumo sacerdote, decepando-lhe a orelha direita. (O nome daquele servo era Malco.) (João 18.10)

Disse-lhe Jesus: "Guarde a espada! Pois todos os que empunham a espada, pela espada morrerão. Você acha que eu não posso pedir a meu Pai, e ele não colocaria imediatamente à minha disposição mais de doze legiões de anjos?". (Mateus 26.52,53)

*E*ssas passagens mostram Pedro tentando defender Jesus com uma espada na hora em que o foram prender com espadas e paus. É interessante que diante de tal ação Jesus não o tenha elogiado nem aprovado. Em vez disso, confrontou-o com uma das declarações mais poderosas feitas pelo Senhor nos evangelhos: "Você acha que eu não posso pedir a meu Pai, e ele não colocaria imediatamente à minha disposição mais de doze legiões de anjos?". Nessa expressão, podemos identificar quatro pontos extremamente interessantes:

- As crises da vida nem sempre podem ser resolvidas pela força humana, porque podem complicá-las.

- A oração é o recurso mais belo e confiável diante de circunstâncias adversas: "Você acha que eu não posso pedir [...]".

- O Pai sempre responderá, no seu tempo e à sua maneira, aos pedidos que lhe fazemos em oração: "[...] e ele não colocaria imediatamente à minha disposição [...]".

- Os recursos de Deus vão muito além do que a nossa mente limitada é capaz de processar em um ambiente de crise: "[...] mais de doze legiões de anjos?".

No último ponto, percebemos algo muito poderoso: o Senhor faz menção a "mais de doze legiões de anjos". Para entender melhor essa expressão, faremos as seguintes considerações:

O que é uma legião? A palavra "legião" é um termo militar do sistema romano. A legião consistia em um grupo de pelo menos 6 mil soldados — esse número podia ser maior, mas nunca menor. Dito isso, lembremo-nos de que o Senhor não disse a Pedro que o Pai lhe daria uma legião, mas pelo menos 12 legiões de anjos.

Se fizermos uma conta simples, vemos que 6 mil multiplicados por 12 são 72 mil; 72 mil anjos que o Pai estaria disposto a enviar para defender seu Filho mediante uma simples oração. Surpreendentemente, porém, o Senhor não falou de 12 legiões apenas, e sim de "mais de doze". Portanto, o número não é determinado: poderiam ser muito mais que 72 mil anjos. Portanto, naquela noite, enquanto os acontecimentos se desenrolavam no Getsêmani, havia mais de 72 mil anjos em prontidão, apenas aguardando a ordem do Pai em resposta à oração do Filho.

> O Senhor faz tudo o que lhe agrada, nos céus e na terra, nos mares e em todas as suas profundezas.
> (Salmos 135.6)

"Pedro, não me defenda..."

Com base no que já foi dito, consideremos o seguinte: se o Senhor estava falando de mais de 72 mil anjos, qual seria a força conjunta de mais de 12 legiões de anjos? O nosso espanto aumenta quando consideramos passagens como Isaías 37.36, que relata:

> O anjo do Senhor saiu e matou cento e oitenta e cinco mil homens no acampamento assírio.

> Quando o povo se levantou na manhã seguinte, só havia cadáveres!

Portanto, se um único anjo podia matar 185 mil soldados em uma única noite, a força conjunta de 6 mil anjos seria capaz de destruir 1.110.000.000 de homens!

Essa seria a força conjunta de uma legião. No entanto, o Senhor falou que o Pai lhe daria mais de 12 legiões de anjos. Então, qual seria a força conjunta de 12 legiões? Se fizermos o cálculo, descobriremos que seriam 13.320.000.000 de homens aniquilados pelos anjos, o dobro de seres humanos que habitam toda a terra nos dias de hoje. Portanto, definitivamente Jesus não precisava da espada de Pedro naquela noite, pois tinha à sua disposição a força conjunta de mais de 12 legiões de anjos prontos para defendê-lo.

> Porque a seus anjos ele dará ordens a seu respeito, para que o protejam em todos os seus caminhos. (Salmos 91.11)

> O anjo do Senhor é sentinela ao redor daqueles que o temem, e os livra. (Salmos 34.7)

Vamos aprender a lição...

Portanto, o que foi dito significa que não precisamos passar por crises ou enfrentar dificuldades porque podemos pedir a Deus milhares de anjos para nos defender? De forma alguma, porque nem mesmo Jesus o fez, ainda que pudesse fazê-lo.

No entanto, a lição que aprendemos é a seguinte: a riqueza espiritual que temos à disposição no céu não existe para garantir atalhos ou ajustes diante das diferentes circunstâncias da vida, mas para que descansemos na certeza de que não estamos sós e que, por isso, não devemos tomar as rédeas nessas situações. Não é com espada nem com exércitos que venceremos, mas com o Espírito do Senhor. Portanto, não tentemos manipular Deus com a nossa arrogância espiritual nem fugir das noites escuras que ele nos permite passar. Em vez disso, tenhamos um espírito disposto a resistir às dificuldades da vida, cientes de que Deus olha por nós e espera o momento de dizer: "Que bom que você resistiu! Agora chegou o momento da sua recompensa, porque você suportou tudo e agiu muito bem!".

A grandeza da vida em Deus não está em pedir milagres, mas em ser um milagre para os outros que, ao ver como conseguimos manter a confiança no Senhor em meio às crises, perceberão que podem consegui-lo também. Foi justamente com base em sua confiança no Senhor que o patriarca Jó, em meio aos terríveis ataques que teve de enfrentar, declarou:

> Eu sei que o meu Redentor vive e que no fim se levantará sobre a terra. E, depois que o meu corpo estiver destruído e sem carne, verei a Deus.

> *A grandeza da vida em Deus não está em pedir milagres, mas em ser um milagre para os outros.*

> Eu o verei com os meus próprios olhos; eu mesmo, e não outro! Como anseia no meu peito o coração! (Jó 19.25-27)

A hora das trevas

> "O Filho do homem *vai* [morrer], *como está escrito a seu respeito*. Mas ai daquele que trai o Filho do homem! Melhor lhe seria não haver nascido." (Mateus 26.24)

Essa é uma das várias passagens que mostram que o Senhor não foi apanhado de surpresa sobre como seria delatado. Por isso, tomar a decisão de fugir teria sido a coisa mais fácil do mundo. No entanto, ele evitou intencionalmente qualquer palavra ou ação que pudesse contribuir para evitar aquela terrível situação.

Na verdade, como vimos em Mateus 26.53, Cristo fez questão de que Pedro soubesse que bastaria pedir ao Pai para que ele tivesse mais de 12 legiões de anjos à disposição. Em João 18.6, lemos que, quando a turba apareceu para prendê-lo e o Senhor se identificou, dizendo: "Sou eu", todos caíram ao chão apenas por ouvir sua voz.

Portanto, não há dúvida de que Cristo poderia ter evitado ser preso, mas não o fez, porque viera ao mundo para morrer pelos seus, e, para levar a cabo esse propósito, a prisão automaticamente estava incluída. Portanto, depois do que ocorreu no Getsêmani, o caminho foi traçado sem possibilidade de mudança. A agenda profética com relação a esses sofrimentos era esta: primeiramente a prisão, depois o julgamento, em seguida os açoites e finalmente a morte na cruz.

Foi por isso que Jesus estava no jardim naquela noite. Ele estava ali dando o passo que deveria dar para que se cumprisse totalmente o que fora escrito a respeito dele. Com referência a isso, lemos em Lucas 22.52,53:

> Então Jesus disse aos chefes dos sacerdotes, aos oficiais da guarda do templo e aos líderes religiosos que tinham vindo procurá-lo: "Estou eu chefiando alguma rebelião, para que vocês tenham vindo com espadas e varas? Todos os dias eu estive com vocês no templo e vocês não levantaram a mão contra mim. *Mas esta é a hora de vocês — quando as trevas reinam*".

Com essas palavras, aprendemos que aquele momento fora designado nos decretos divinos. De fato, Cristo acrescenta no texto paralelo de Mateus 26.56: *"Mas tudo isso aconteceu para que se cumprissem as Escrituras dos profetas [...]"*.

Assim, por meio da ação daquele batalhão, Deus Pai estava pondo em andamento seu plano soberano de redenção. Uma simples paráfrase do que Jesus disse aos que foram prendê-lo nos ajudará a entender isso melhor: "Vocês decidiram fazer o que estão fazendo agora porque não poderiam me prender em outro momento. No entanto, esta é a hora em que isto deveria acontecer. Portanto, o fato de esta hora ter chegado foi o que também desencadeou a decisão de vocês. Portanto, as ações de vocês neste momento consistem em fazer que se cumpra o que está escrito a meu respeito".

No entanto, isso não significa que tenham agido inocentemente, pois tudo que fizeram naquela noite foi o que desejavam fazer havia muito tempo (matar Cristo) e agiram movidos pelo ódio (cf. Atos 2.23,36-38; 3.13-15); ao fazer isso, sem saber, estavam contribuindo de maneira especial para o propósito eterno de Deus.

Portanto, a razão pela qual Jesus diz ser aquela a hora "quando as trevas reinam" é que Deus a reservara para que naquele momento terrível Satanás tivesse total liberdade para atuar.

Ao contrário do caso de Jó, no qual Deus impôs um limite às ações de Satanás, na experiência de Cristo não havia limite para seu ataque. Ele estava livre para fazer o pior, e foi exatamente o que fez.

Só isso pode explicar a crueldade irracional com que toda aquela multidão investiu contra Cristo naquela noite.

A respeito disso, a maioria dos comentaristas acredita que, em nenhum outro momento na história da humanidade, o mal tenha se manifestado com tão horrível intensidade quanto naquele exato momento.

Tudo isso porque o Senhor tinha de derrotar o Maligno no mesmo terreno onde o ser humano havia perdido a batalha. Que preço tão alto teve de ser pago! Cristo, o nosso Salvador, precisava enfrentar cara a cara os poderes do mal e se dispôs a fazê-lo para que pudéssemos desfrutar hoje a proteção de Deus.

> *O Senhor tinha de derrotar o Maligno no mesmo terreno onde o ser humano havia perdido a batalha.*

Essa cena mostra mais uma vez quão grande é o amor de Deus por seus escolhidos. Podemos observar aqui como o Pai entregou o próprio Filho para salvar um grupo de homens e mulheres que o odiavam, bem como a maneira pela qual Deus Filho veio voluntariamente sofrer as consequências dos nossos pecados para que pudéssemos ser libertos (cf. Romanos 8.31,32).

Por fim, aprendemos também que mesmo as horas mais sombrias da nossa existência estão contempladas nos decretos de Deus, e ele é especialista em usar até os cenários mais terríveis para cumprir seus propósitos infalíveis na vida de cada um de seus filhos.

Isso é algo que não devemos ignorar, pois todos nós em algum momento da vida passamos pelo vale de sombra da morte, que podemos denominar a hora "quando as trevas reinam". Contudo, mesmo nessas horas sombrias, temos de ver, pela fé, Deus cumprindo seus maravilhosos propósitos. Foi precisamente por causa desses propósitos que:

... o cálice de Jesus teve de ser tomado por ele;

... a traição de Judas não pôde ser evitada;

... a prisão e os açoites não puderam ser esquivados;

... o povo pediu que o mantivessem preso e que, em vez de dar a ele a liberdade, soltaram Barrabás;

... o povo o caluniou, cuspiu-lhe no rosto e, sem receio nem reverência, zombaram dele continuamente;

... ele suportou os pregos e resistiu à coroa de espinhos que lhe perfurava as têmporas;

... as sete palavras foram proferidas na cruz;

... a dívida que tínhamos com seu sangue foi paga.

PONTOS PARA TER EM MENTE

1. A riqueza espiritual que temos à disposição no céu não existe para garantir atalhos ou ajustes diante das diferentes circunstâncias da vida.

2. Não tentemos manipular Deus com a nossa arrogância espiritual nem fugir das noites escuras que ele nos permite passar.

3. Cristo poderia ter evitado ser preso, mas não o fez, porque viera ao mundo para morrer pelos seus, e, para levar a cabo esse propósito, a prisão automaticamente estava incluída.

4. Mesmo as horas mais sombrias da nossa existência estão contempladas nos decretos de Deus, e ele é especialista em usar até os cenários mais terríveis para cumprir seus propósitos infalíveis na vida de cada um de seus filhos.

5. O Senhor tinha de derrotar o Maligno no mesmo terreno onde o ser humano havia perdido a batalha.

Capítulo 16
SUA FORMA DE PERDOAR

Jesus disse: "Pai, perdoa-lhes,
pois não sabem o que estão fazendo".
Lucas 23.34

SUA FORMA DE PERDOAR

Como vimos em cada um dos capítulos que desenvolvemos até agora, Jesus nos deixou um grande legado em todas as áreas de sua própria vida. Ele mostrou a importância de um caráter firme, o valor de uma identidade definida e o compromisso que devemos ter com a missão que nos foi confiada, entre muitas outras coisas. No entanto, apesar de tudo que foi dito, essa obra não estaria completa se não reservássemos um espaço para observar a forma admirável escolhida por Cristo para perdoar.

> Quando chegaram ao lugar chamado Caveira, ali o crucificaram com os criminosos, um à sua direita e o outro à sua esquerda. Jesus disse: "Pai, *perdoa-lhes*, pois não sabem o que estão fazendo". Então eles dividiram as roupas dele, tirando sortes. (Lucas 23.33,34)

A palavra "perdão" na língua grega é *afiemi* e significa, entre outras coisas, "despedir", "fazer sair", "deixar para trás", "abandonar", "cancelar uma dívida", "soltar".

Com isso em mente, alguns podem pensar: "Se a implicação do termo 'perdão' é essa, como devemos relacionar o que Jesus disse com o significado dessa palavra?".

Antes de responder a essa pergunta, convém lembrar que, desde a noite anterior à sua morte, Jesus foi traído por um de seus discípulos, preso e açoitado por soldados do templo, interrogado pelo sumo sacerdote (Anás), julgado com evidências falsas pelo Conselho judaico, negado por Pedro (um dos amigos mais próximos), interrogado pelo governador romano (Pôncio Pilatos), interrogado pelo governador da Galileia (Herodes Antipas), interrogado a segunda vez por Pilatos, açoitado por soldados romanos, condenado à morte por Pilatos diante da insistência do povo, escarnecido por soldados romanos, coroado com uma coroa de espinhos, obrigado a carregar até o local da execução a cruz em que morreria, despido de suas roupas, pregado na cruz e levantado, pendurado pelas mãos e pelos pés, até que morreu.

Agora passemos a considerar em detalhe o sentido da frase de Jesus: *"Pai, perdoa-lhes, pois não sabem o que estão fazendo"*.

"Pai"

Apesar do que estava acontecendo, Jesus reconheceu que tudo fazia parte dos planos de Deus. Por isso, independentemente das circunstâncias em que se encontrava, sua conexão e dependência do Pai nunca se mostraram fracas. Jesus disse: "Pois desci dos céus, não para fazer a minha vontade, mas para fazer a vontade daquele que me enviou" (João 6.38).

"Perdoa-lhes"

A esta altura, é impossível deixar de realçar a atitude do Admirável, daquele que, longe de pedir alívio para suas dores ou qualquer outra coisa que representasse benefício para sua pessoa, preferiu concentrar sua oração em favor de seus algozes, dos que o haviam torturado e participavam de sua morte.

Voltemos ao significado da palavra "perdão" no grego original, ou seja, "despedir", "fazer sair", "deixar para trás", "abandonar", "cancelar uma dívida", "soltar". Isso significa, portanto, que o pedido de Jesus ("Pai, perdoa-lhes, pois não sabem o que estão fazendo") representa seu desejo de que o Pai dispensasse, fizesse sair, deixasse para trás, abandonasse, soltasse e cancelasse a dívida que aqueles homens haviam contraído por causa dos flagelos que Jesus havia recebido deles, pois, apesar de não entenderem a magnitude do que estava acontecendo, suas ações não eram isentas de responsabilidade.

No entanto, eles só seriam contemplados com o perdão que Jesus solicitou se viessem a se arrepender e a reconhecer a culpa pelo que tinham feito.

Isso significa que o fato de perdoarmos os que nos oprimem não os isenta da responsabilidade por suas más atitudes; apenas fazemos a nós mesmos o favor de liberá-los para termos o coração curado e as mãos livres para receber o que Deus quer nos dar. Todos os que estão preparados para "abandonar o lixo" que seus opressores lhes impuseram terão um coração saudável e pronto para receber as bênçãos de Deus (cf. Mateus 6.14).

> *O fato de perdoarmos os que nos oprimem não os isenta da responsabilidade por suas más atitudes.*

Assim, não por acaso essa foi a primeira das sete últimas palavras ditas por Jesus na cruz, pois nenhuma das outras declarações teria surtido o efeito ou o resultado que tivera se Jesus não tivesse expressado antes de tudo o desejo de que aqueles homens fossem perdoados.

"Não sabem o que estão fazendo"

Os pecadores que pregaram Jesus na cruz ignoravam o verdadeiro significado de suas ações. Ou seja, pensavam que estavam torturando e matando mais um criminoso, como tantos outros que eram continuamente condenados à morte.

Os líderes judeus os haviam enganado para que acreditassem que Jesus era um farsante e arruaceiro, conforme expresso em Atos 3.17: "Agora, irmãos, eu sei que vocês agiram por ignorância, bem como os seus líderes". E é justamente a essa ignorância que Jesus se refere ao dizer: *"Não sabem o que estão fazendo"*.

Aqui convém ressaltar que, em termos humanos, teria sido muito fácil para Jesus, influenciado pela dor e pelo sofrimento que experimentava naquele momento difícil, encher-se de amargura e de ressentimento contra aqueles homens. No entanto, assim como o ácido nítrico testa o ouro, o nosso caráter, a nossa identidade e os nossos valores são testados sob pressão e quando somos atingidos pelas más atitudes dos demais.

Enfim, embora aqueles homens não percebessem o que faziam, Jesus sabia o que estava acontecendo e não permitiu que a ignorância, a zombaria e os golpes afetassem minimamente a essência do amor, da misericórdia, da ternura e da bondade que o definiam.

Isso lembra a história do homem que agarrou um escorpião, o qual, se não tivesse sido resgatado, morreria esmagado sob os veículos que passavam pela estrada. No entanto, quando o homem o pegou para salvá-lo, o escorpião picou o homem. Por causa da picada, o homem soltou-o, mas, ao soltá-lo, o escorpião tomou o caminho anterior, e o homem mais uma vez estendeu a mão e evitou que fosse esmagado pelos veículos que ainda passavam por ali. E a mesma coisa aconteceu. Na terceira vez, alguém que observava a cena de longe disse ao homem: "Senhor, o que acontece com o senhor? Está louco? Não percebe que esse escorpião já o mordeu três vezes, e o senhor insiste em ajudá-lo?". O homem respondeu: "Amigo, não é que eu seja louco ou não saiba que este escorpião me mordeu. O que acontece é que a natureza do escorpião é picar, mas a minha natureza é ajudar".

Permitir que os erros dos outros alterem a essência de quem somos é dar a vitória ao nosso adversário, Satanás. Embora seja difícil e doloroso ignorar determinadas coisas e perdoá-las, permitir que a amargura e o ressentimento habitem em nós nos causará, mais cedo ou mais tarde, uma dor bem maior.

O Senhor espera que não entendamos o perdão como algo que fazemos porque os outros merecem (por certo, muitos não o merecem). Seu desejo é que perdoemos por nossa causa, pois negar o perdão aos outros fará que o perdão de Deus nos seja igualmente bloqueado:

Não entendamos o perdão como algo que fazemos porque os outros merecem.

"[...] se não perdoarem uns aos outros, o Pai celestial não perdoará as ofensas de *vocês*" (Mateus 6.15).

Pontos importantes sobre o perdão

- Não temos de esperar que o ofensor peça perdão para perdoá-lo.

- O ato de perdoar depende exclusivamente de quem perdoa.

- Quando Cristo estava na cruz, ninguém lhe pediu perdão. Pelo contrário, todos o acusavam. Apesar disso, ele estava pronto para dizer: "Pai, perdoa-lhes, pois não sabem o que estão fazendo".

- O perdão é algo que queremos fazer quando Deus forma sua imagem em nós.

- O perdão é algo que corresponde ao caráter de Deus.

- O perdão é um reflexo da bondade de Deus e também deve se manifestar em nós, pois fomos criados à sua imagem e semelhança.

- A Palavra de Deus chama "bem-aventurados" os que procuram a paz entre Deus e os homens, mas também os que a procuram entre homens e homens.

- Quando perdoar, não perdoe para que o outro reconheça que agiu mal, que o ofendeu ou magoou. Perdoe por ser esse o chamado de Deus para seus filhos, e você é um deles.

- A pessoa mais favorecida é a que perdoa, não quem recebe o perdão.

- Se você conceder perdão a quem o ofendeu e a pessoa não estiver disposta a recebê-lo, você terá feito o que lhe correspondia fazer. Portanto, sinta-se livre e deixe Deus cuidar do resto.

- O fato de você perdoar alguém que falhou não significa necessariamente que haverá restauração, porque o perdão depende de você, mas a restauração depende de ambos.

- Às vezes, a pessoa que devemos perdoar já não está mais conosco. Nesse caso, faça uma confissão em forma de oração. Derrame o coração na presença do Senhor e peça ao Espírito Santo que cure as suas feridas e remova toda a dor, e ele o fará.

- Lembre-se de que a definição de perdão é: "despedir", "fazer sair", "deixar para trás", "abandonar", "cancelar uma dívida", "soltar".

Portanto, decida hoje descartar a amargura, fazer a dor sair, deixar o passado para trás, cancelar a dívida contraída por quem o feriu em algum momento e liberar o fardo que essa dor causou a você:

> "[...] se perdoarem as ofensas uns dos outros, o Pai celestial também perdoará vocês" (Mateus 6.14).

Livrem-se de toda amargura, indignação e ira, gritaria e calúnia, bem como de toda maldade. Sejam bondosos e compassivos uns para com os outros, perdoando-se mutuamente, assim como Deus os perdoou em Cristo (Efésios 4.31,32).

PONTOS PARA TER EM MENTE

1. O fato de perdoarmos os que nos oprimem não os isenta da responsabilidade por suas más atitudes; apenas fazemos a nós mesmos o favor de liberá-los.

2. Todos os que estão preparados para "abandonar o lixo" que seus opressores lhes impuseram terão um coração saudável e pronto para receber as bênçãos de Deus.

3. Assim como o ácido nítrico testa o ouro, o nosso caráter, a nossa identidade e nossos valores são testados sob pressão e quando somos atingidos pelas más atitudes dos demais.

4. Quando Cristo estava na cruz, ninguém lhe pediu perdão. Pelo contrário, todos o acusavam. Apesar disso, ele estava pronto para dizer: "Pai, perdoa-lhes, pois não sabem o que estão fazendo".

5. O fato de você perdoar alguém que falhou não significa necessariamente que haverá restauração, porque o perdão depende de você, mas a restauração depende de ambos.

Capítulo 17
SEU FOCO NA RECOMPENSA

*Jesus, [...] pela alegria que lhe fora proposta,
suportou a cruz, desprezando a vergonha.*
Hebreus 12.2

SEU FOCO NA RECOMPENSA

𝓟or causa de seu significado e da exposição pública, a morte de Jesus foi um ato em que estavam implícitas a zombaria e a vergonha. No entanto, ele não levou em consideração tal desonra, porque sua prioridade era cumprir integralmente tudo que o Pai lhe havia solicitado. Como vimos em um dos capítulos, a morte de cruz era o tipo de morte reservado para ele. Portanto, para obedecer a Deus, ele não se importou com a rejeição. Em vez disso, suportou a vergonha e a zombaria de forma impressionante e absolutamente digna de imitação. Desse modo, aprendemos que quem deseja obedecer a Deus e fazer sua vontade não pode se apoiar na aprovação dos outros.

Consideremos o significado do que o autor de Hebreus expressa a esse respeito: "[...] tendo os olhos fitos em Jesus, autor e consumador da nossa fé. *Ele, pela alegria que lhe fora proposta, suportou a cruz, desprezando a vergonha*, e assentou-se à direita do trono de Deus" (Hebreus 12.2).

De acordo com o dicionário, "vergonha" é "tudo o que produz desonra, ou vergonha pública". No grego, o termo vem da raiz *aischunê*, que é traduzido por "vergonha" ou "desgraça".

Vinculado a isso, o termo "desprezo" (que Jesus manifestou em meio à vergonha) vem do grego *kataphrono*, que é traduzido por "pensar contrário a", "não dar importância", "avaliar negativamente", "depreciar", "menosprezar", "desprezar"; é considerar que algo não merece ser apreciado ou valorizado ou que não é digno de atenção.

Por isso, quando o autor de Hebreus revela que Jesus desprezou a vergonha que a morte na cruz representava, segundo ele é este o sentido da palavra: "Jesus *não valorizou, não menosprezou e não deu importância* à vergonha e à desonra públicas que aquela morte representava".

Além disso, convém lembrar que a zombaria de Jesus ocorreu várias vezes após seu julgamento e antes da crucificação. No entanto, de acordo com o que se escrevera a respeito dele, as injúrias estavam incluídas: eram parte de tudo o que ele deveria sofrer.

Na verdade, o próprio Jesus predisse que seria ridicularizado, conforme está registrado nos Evangelhos de Mateus, Marcos e Lucas.

"Estamos subindo para Jerusalém, e o Filho do homem será entregue aos chefes dos sacerdotes e aos mestres da lei. Eles o condenarão à morte e o entregarão aos gentios *para que zombem dele*, o açoitem e o crucifiquem." (Mateus 20.18,19)

"Estamos subindo para Jerusalém e o Filho do homem será entregue aos chefes dos sacerdotes e aos mestres da lei. Eles o condenarão à morte e o entregarão aos gentios, *que zombarão dele, cuspirão nele, o açoitarão e o matarão*. Três dias depois ele ressuscitará." (Marcos 10.33,34)

As provocações feitas a Jesus foram diversas e bastante cruéis e ocorreram em três cenários:

1. O momento em que foi julgado

Os homens que estavam detendo Jesus *começaram a zombar dele e a bater nele*. Cobriam seus olhos e perguntavam: "Profetize! Quem foi que bateu em você?" E lhe dirigiam muitas outras palavras de insulto. (Lucas 22.63-65)

2. Após sua condenação por Pôncio Pilatos

Depois de ser condenado por Pôncio Pilatos, Jesus foi açoitado e ridicularizado pelos soldados romanos, que o vestiram com um manto de púrpura (que simboliza a vestimenta real) e colocaram-lhe na cabeça uma coroa de espinhos (em representação a uma coroa real), que lhe perfurou as têmporas. Depois, eles se ajoelhavam diante dele e, enquanto cuspiam e batiam nele, zombavam: "Salve, rei dos judeus!". É a isso que o evangelista Marcos se refere quando diz:

> Vestiram-no com um manto de púrpura, depois fizeram uma coroa de espinhos e a colocaram nele. E começaram a saudá-lo: "Salve, rei dos judeus!" Batiam-lhe na cabeça com uma vara e cuspiam nele. Ajoelhavam-se e lhe prestavam adoração. Depois de terem *zombado dele*, tiraram-lhe o manto de púrpura e vestiram-lhe suas próprias roupas (Marcos 15.17-20).

3. Quando estava sendo crucificado

Jesus também foi ridicularizado quando estava na cruz. Na verdade, até alguns dos que passavam por ali zombavam e blasfemavam dele.

> Os que passavam lançavam-lhe insultos, *balançando a cabeça e dizendo*: "Ora, você que destrói o templo e o reedifica em três dias, desça da cruz e salve-se a si mesmo!". (Marcos 15.29,30)

> Da mesma forma, os chefes dos sacerdotes e os mestres da lei *zombavam* dele entre si, dizendo:

"Salvou os outros, mas não é capaz de salvar a si mesmo! O Cristo, o Rei de Israel... Desça da cruz, para que o vejamos e creiamos!" Os que foram crucificados com ele também *o insultavam*. (Marcos 15.31,32)

Portanto, analisando cuidadosamente alguns desses fatos, podemos entender melhor o que realmente significou para Jesus desprezar essa vergonha.

Depois de ser caluniado e processado com falsos testemunhos dos próprios compatriotas, Jesus foi terrivelmente torturado com chicotes, que lhe rasgaram a carne ao entrar em contato com seu corpo. Puseram nele uma coroa de espinhos, que lhe perfurou as têmporas; logo em seguida, deram-lhe a pesada cruz na qual morreria, para que ele mesmo a carregasse nas costas até chegar ao local da execução.

A cruz não era muito alta; por isso, quando o condenado estivesse pendurado nela, os pés ficavam apenas um metro acima do solo. Desse modo, ele podia ouvir tudo que lhe era dito de maneira sarcástica e ver claramente as expressões no rosto dos que passavam pelo lugar onde a cruz fora colocada. Ao mesmo tempo, o povo também podia ouvir com clareza tudo que Jesus dizia durante aquelas horas de tortura e de agonia ininterruptas.

Além disso, era costume na época remover todas as roupas dos condenados à cruz. No entanto, uma vez que os judeus se opunham à exibição pública do corpo humano nu, os romanos providenciavam um pano para cobrir as partes íntimas dos condenados em Jerusalém.

A crucificação era uma das punições reservadas aos piores criminosos. Tratava-se de uma morte particularmente cruel, lenta e vergonhosa. Na verdade, às vezes a vítima demorava vários dias para morrer. Por isso, existia uma associação de mulheres judias que sempre enviava uma de suas representantes às crucificações, a fim de oferecer vinho misturado com mirra às vítimas para aliviar os sofrimentos causados por aquele tipo de morte, uma vez que a mirra era usada como anestésico. No entanto, quando a mistura foi oferecida a Jesus, ele se recusou a beber, porque havia escolhido experimentar a dor que o Pai determinara que ele experimentasse, sem fazer uso de nada que pudesse diminuí-la:

> Então lhe deram vinho misturado com mirra, mas *ele não o bebeu*. (Lucas 15.23)

Além de Jesus, havia dois homens condenados a morrer na cruz naquele dia. Tratava-se de dois bandidos que não paravam de insultar seus algozes, enquanto as únicas palavras ditas por Jesus a respeito deles eram: "Pai, perdoa-lhes, pois não sabem o que estão fazendo" (Lucas 23.34).

Apesar de terrível dor e profunda agonia, Jesus demonstrou o grande amor e a infinita misericórdia que sentia por eles.

De seus 11 discípulos, apenas João presenciou a crucificação, mas nem mesmo ele esteve presente o tempo todo em seus sofrimentos.

Os quatro soldados romanos encarregados da crucificação do Mestre haviam repartido as roupas dele entre si (como era o costume nesses casos). Um ficou com as sandálias, outro com o turbante, outro com o cinto e o quarto com a capa. Deixaram de lado apenas a túnica, que era uma peça de roupa sem costura que chegava praticamente até os joelhos. Eles pensaram em dividi-la em quatro pedaços, mas, quando perceberam o valor que tinham, decidiram lançar sortes para ver qual deles ficaria com ela. Cumpriu-se, assim, a profecia contida em Salmos 22.18, que diz o seguinte acerca do Messias: "Dividiram as minhas roupas entre si, e lançaram sortes pelas minhas vestes".

> Ao nos exortar a "olhar para Jesus", o autor de Hebreus encoraja-nos a suportar com firmeza cada uma das nossas lutas.

Assim, ao nos exortar a "olhar para Jesus", o autor de Hebreus encoraja-nos a suportar com firmeza cada uma das nossas lutas, a superar a rejeição e a vergonha que viermos a enfrentar, da mesma forma que Cristo fez.

Como disse certa vez Felipe Neri, o apóstolo de Roma, "todo cristão deve aprender a desprezar o sistema do mundo e a *desprezar o fato de que o desprezem*".

Mas o que encorajou Jesus e o ajudou a suportar uma experiência tão vil? Voltemos ao que diz o autor de Hebreus, para identificar a resposta:

> [...] tendo os olhos fitos em Jesus, autor e consumador da nossa fé. *Ele, pela alegria que lhe fora proposta*, suportou a cruz, desprezando a vergonha, e assentou-se à direita do trono de Deus (Hebreus 12.2).

Esse texto nos revela que Jesus foi investido de força e de coragem para desprezar a vergonha por ter posto diante de si a vitória que obteria após tal sacrifício. Por isso, Isaías profetizou acerca de Jesus: "O Senhor, o Soberano, me ajuda, não serei constrangido. Por isso eu me opus firme como uma dura rocha e sei que *não ficarei decepcionado*" (Isaías 50.7).

A esta altura, alguns podem pensar: "Mas como pode ter profetizado Isaías que Jesus não se envergonharia se lemos em tantas passagens que ele foi ridicularizado por seu povo, pelos romanos, pelos que passavam por baixo da cruz e até mesmo por aqueles que foram crucificados com ele?". A resposta é: *Jesus não se envergonhou não porque eles não o tivessem tentado, mas porque não obtiveram êxito.*

Por causa da alegria que lhe foi proposta, ele sofreu escárnio, desprezou a vergonha e, por fim, obteve a vitória, à qual o apóstolo Paulo se refere, dizendo:

> Quando vocês estavam mortos em pecados e na incircuncisão da sua carne, Deus os vivificou com Cristo. Ele nos perdoou todas as transgressões e *cancelou a escrita de dívida, que consistia em ordenanças e que nos era contrária. Ele a removeu, pregando-a na cruz, e, tendo despojado os poderes e as autoridades, fez deles um espetáculo público, triunfando sobre eles na cruz.* (Colossenses 2.13-15)

Por causa da alegria que lhe foi proposta, ele sofreu escárnio, desprezou a vergonha e, por fim, obteve a vitória.

PONTOS PARA TER EM MENTE

1. Jesus não bebeu o vinho misturado com mirra porque havia escolhido experimentar a dor que o Pai determinara que ele experimentasse, sem fazer uso de nada que pudesse diminuí-la.

2. "Todo cristão deve aprender a desprezar o sistema do mundo e a desprezar o fato de que o desprezem."

3. Apesar de terrível dor e profunda agonia, Jesus demonstrou o grande amor e a infinita misericórdia que sentia por eles.

4. Jesus não se envergonhou não porque eles não o tivessem tentado, mas porque não obtiveram êxito.

5. Jesus foi investido de força e de coragem para desprezar a vergonha por ter posto diante de si a vitória que obteria após tal sacrifício.

CONCLUSÃO

Ao chegar à conclusão deste livro, esperamos que este conteúdo o tenha inspirado a agir como Jesus em cada um dos processos, provas e desafios que você tiver de enfrentar. Aconteça o que acontecer na sua vida, decida sempre agir de acordo com o desejo do Pai, pela direção do Espírito Santo e da maneira que o nosso amado Senhor e Salvador Jesus Cristo nos deixou como exemplo:

> Seja a atitude de vocês a mesma de Cristo Jesus, que, embora sendo Deus, não considerou que o ser igual a Deus era algo a que devia apegar-se; mas esvaziou-se a si mesmo, vindo a ser servo, tornando-se semelhante aos homens. E, sendo encontrado em forma humana, humilhou-se a si mesmo e foi obediente até a morte, e morte de cruz! Por isso Deus o exaltou à mais alta posição e lhe deu o nome que está acima de todo nome, para que ao nome de Jesus se dobre todo joelho, nos céus, na terra e debaixo da terra, e toda língua confesse que Jesus Cristo é o Senhor, para a glória de Deus Pai (Filipenses 2.5-11).

RECONSTRUA
com os seus
PEDAÇOS

"As feridas de hoje serão as cicatrizes que amanhã o farão ser um testemunho vivo para outros, pois certamente o que não o mata, o fortalece."

YESENIA THEN é pastora e conferencista; conhecida por levar a mensagem de salvação, restauração e vida em Deus às nações. Tem conduzido milhões de pessoas a descobrir o verdadeiro propósito.

ACESSE NOSSO SITE

 editoravida
 editoravida
 editora_vida

www.editoravida.com.br

Coleção
A. W. Tozer
SÉRIE EM 14 VOLUMES

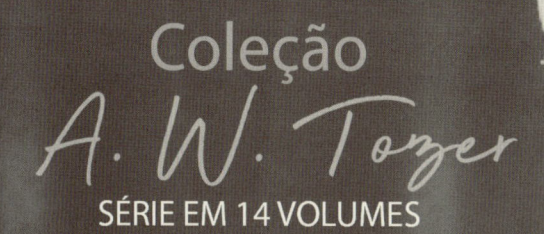

- **JÁ DISPONÍVEL** OS ATRIBUTOS DE DEUS (1)
- **JÁ DISPONÍVEL** O FILHO DO HOMEM
- OS ATRIBUTOS DE DEUS (2)
- JESUS, NOSSO DEFENSOR NA GLÓRIA
- O SUCESSO E O CRISTÃO
- A GUERRA DO ESPÍRITO
- TRAGÉDIA NA IGREJA
- RESPOSTA AO DIABO
- O TAMANHO DA ALMA
- VIAJAMOS PELO CAMINHO INDICADO
- ESTE MUNDO: PARQUE DE DIVERSÕES OU...
- EM BUSCA DE DEUS
- **JÁ DISPONÍVEL** A VIDA CRUCIFICADA
- DEPOIS DO ÚLTIMO CAPÍTULO

A. W. Tozer embarcou em uma busca por Deus quando tinha 17 anos após ouvir um pregador de rua em Akron, Ohio. Foi um pastor autodidata, escritor e editor cujas poderosas mensagens continuam alcançando corações e mexendo com as almas dos cristãos até hoje.

Editora Vida

- editoravida
- editoravida
- editora_vida

www.editoravida.com.br

Escute a voz de Deus

**um livro do autor *best-seller*
pelo *New York Times*
Mark Batterson**

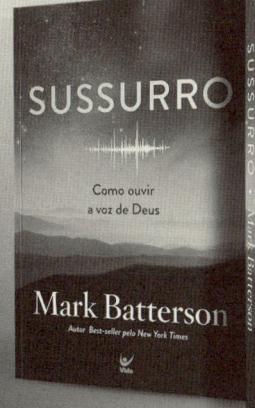

SUSSURRO
Como ouvir
a voz de Deus

Mark Batterson
Autor Best-seller pelo New York Times

Deus está falando ativamente por meio das Escrituras, dos desejos, das portas, dos sonhos, das pessoas, dos pedidos e da dor. Batterson oferece as ferramentas necessárias para desbloquear cada um desses idiomas. Deus está falando. Prepare-se para ouvir a sua voz.

Editora Vida

- @editoravida
- editoravida
- @editora_vida

www.editoravida.com.br

BÍBLIA THOMPSON

A BÍBLIA DE ESTUDO MAIS VENDIDA DO MUNDO!

A *Bíblia Thompson* é um clássico entre os leitores da Bíblia no Brasil. São aproximadamente 100 mil referências por assunto, sendo mais de 7.000 nomes, temas e lugares.

Quase uma enciclopédia bíblica, a *Bíblia Thompson* conta ainda com: concordância bíblica, muitos mapas, um rico suplemento arqueológico, biografia de personagens, estudos bíblicos com muitas ilustrações, devocionais e uma análise de cada livro da Bíblia, com contexto histórico, cronologia, tema principal e outros pontos de interesse especial.

Somente conhecendo a *Bíblia Thompson* você poderá descobrir porque ela é uma unanimidade entre os apaixonados pela Palavra de Deus.

A Bíblia Thompson é referência entre muitos pregadores evangélicos, sendo considerada a melhor Bíblia de estudo de referência por diversos pastores influentes e estudiosos.

Esta obra foi composta em *Georgia*
e impressa por Promove Artes Gráficas sobre papel
Pólen Soft 70 g/m² para Editora Vida.